多元文化与高校英语教学应用研究

于福慧　朱雅楠　李慧娟◎著

线装书局

图书在版编目（ＣＩＰ）数据

多元文化与高校英语教学应用研究 / 于福慧，朱雅楠，李慧娟著. -- 北京：线装书局，2023.9
ISBN 978-7-5120-5631-2

Ⅰ.①多… Ⅱ.①于… ②朱… ③李… Ⅲ.①英语—教学研究—高等学校 Ⅳ.①H319.3

中国国家版本馆CIP数据核字(2023)第162965号

多元文化与高校英语教学应用研究
DUOYUAN WENHUA YU GAOXIAO YINGYU JIAOXUE YINGYONG YANJIU

作　　者：	于福慧　朱雅楠　李慧娟
责任编辑：	白　晨
出版发行：	线装书局
	地　　址：北京市丰台区方庄日月天地大厦B座17层（100078）
	电　　话：010-58077126（发行部）010-58076938（总编室）
	网　　址：www.zgxzsj.com
经　　销：	新华书店
印　　制：	三河市腾飞印务有限公司
开　　本：	787mm×1092mm　　1/16
印　　张：	11
字　　数：	255 千字
印　　次：	2024 年 7 月第 1 版第 1 次印刷

线装书局官方微信

定　　价：68.00 元

前　　言

　　随着经济全球化步伐的进一步加快，世界空间格局越来越小，使得跨文化交际成为多元文化背景下的时代主题。与此同时，全球化和多元文化主义的到来促进了世界各国交往的日益频繁。不同国家的人们在语言的帮助下以不同的方式和渠道进行交流。不同国家的文化不仅相互碰撞，相互冲突，而且相互渗透和融合。因此，跨文化语境下的有效交际已成为外语界关注的一个重要课题。

　　对于外语学习者来说，他们与其说是在学习一门语言，不如说是在学习一种文化。语言本身是一种文化现象，它是文化的载体，也是文化的重要组成部分，两者是紧密联系、不可分割的。在语言学习过程中，文化起着非常重要的作用，因为语言的使用受到语言所属的文化的制约。因此，如何将多元文化渗透到英语教学中，是外语教师所肩负的重要任务。就目前的英语教学现状而言，对多元文化主义和英语教学的研究大多集中在中西方文化差异和英语教学方法上，并对其进行了简单的列举。对两者的结合还没有进一步的研究和探索。

编委会

于福慧　朱雅楠　李慧娟
刘林兰

目 录

第一章 绪 论 ·· (1)
 第一节 文化概况 ·· (1)
 第二节 多元文化主义概述 ·· (13)

第二章 多元文化对英语教学的挑战 ·· (22)
 第一节 一元文化课程的反思与批判 ·· (22)
 第二节 我国多元文化课程的目标 ·· (23)
 第三节 多元文化视野下课程的价值选择 ···································· (26)
 第四节 多元文化社会中的英语教师角色 ···································· (28)

第三章 多元文化与当代英语教学 ·· (36)
 第一节 文化差异与英语教学 ·· (36)
 第二节 多元文化对英语教学的影响 ·· (55)
 第三节 构建一个文化教学的模式 ·· (65)

第四章 传统英语教学存在的弊端 ·· (71)
 第一节 英语教学的基本理论 ·· (72)
 第二节 英语教学现状 ·· (75)
 第三节 语言学习和习得 ·· (79)
 第四节 传统英语教学中存在的弊端 ·· (82)

第五章 多远文化英语教学实践 ·· (92)
 第一节 多元文化下英语知识教学 ·· (92)
 第二节 多元文化下的英语语法教学 ·· (98)
 第三节 多元文化下英语听说教学 ·· (104)
 第四节 多元文化下英语读写译教学 ·· (115)
 第五节 多元文化下英语文化教学 ·· (134)

第六章 多远文化背景下当代英语教学的改革与发展 ······················· (145)

  第一节 多元文化视阈下当代英语教学的改革…………………（145）
  第二节 多远文化背景下当代英语教学的发展…………………（165）
参考文献 ……………………………………………………………（172）

第一章 绪 论

第一节 文化概况

今天,是一个经济快速发展的时代,一个技术快速变化的时代,一个社会创新的时代,一个文化创新的时代。文化是一个多层结构的有机整体。我们创造文化,文化创造我们。

一、文化的定义和分类

文化是一个大概念,内涵丰富,内容复杂。由于文化观察的不同视角和结论,文化定义有许多不同的版本。在这一部分中,我们将追溯中西文化的起源,列举和总结以下文化的定义,并试图对文化进行分类,以找出文化的功能和特征。

(一)文化的许多定义

自19世纪以来,"文化(culture)"的定义一直是争论的焦点。有人说"文化是信仰、习惯、生活方式和行为的总和",有人说"文化解释社会做什么和想什么",有人认为"文化就是社会所做的和所想的"。有人认为,"文化是特定社会群体的生活方式"。从表面上看,这些定义都是一样的,但从本质上看,它们是相同的。区别在于,不同的领域和学科根据领域或学科的特点和需要作出不同的详细和具体的解释。

由于所有领域和学科都只从基本定义中吸取了它们所需要的东西,而对其他领域不感兴趣,因此,"文化"的定义永远不可能以统一的方式理解,也不需要加以追求。

(二) 文化分类

汉弗莱将文化分为受知识教育影响的信息文化、价值观决定的行为文化和艺术文学成就文化。

根据文化的结构和范畴，斯特恩将文化分为广义文化和狭义文化两类。广义上的文化（culture with a big），包括物质文化、制度文化和心理文化，是人类在社会历史发展过程中创造的物质财富和精神财富的总和。物质文化是一种显性文化，而生活方式、社会制度、思维方式、宗教信仰、审美情趣等制度文化和心理文化属于隐性文化。狭义的文化（culture with a small），一般遵循的是社会习俗、行为规范等。

一些人类学家将文化分为高级文化：一种以哲学、文学和艺术形式呈现的大众文化，以及一种以风俗、生活方式等形式呈现的大众文化。深层文化以价值、美学、心理学等形式呈现。先进文化和大众文化都植根于深厚的文化之中，这往往体现在大众文化中。

一些学者认为，文化的基本结构可以分为物质生产文化和精神文化两大类。物质生产文化是指人的物质生产过程和物质、器具的结果，它包含着理解、适应和征服自然的精神因素，但最主要的是表现事物的物质性。它是人类物质生产和产品的总和，是整个文化大厦的基石。主要包括生产力（劳动对象、劳动工具、劳动者三要素），以及满足人类对服装、食品、住房、交通等基本消费数据的需求。精神概念文化由价值取向、道德情操、审美情操、思维方式、宗教情感、民族性等构成。它是文化的精神核心。精神文化分为与风俗相对应的社会观念文化和与制度结构相对应的行为文化和意识形态文化。

一些学者还认为，文化是一个复杂的概念，几乎涵盖了世界上的一切，包括物质和精神方面。他认为，无论文化多么复杂，它大致可以分为三种类型：物质文化（以各种物理形式呈现）和调节文化（呈现在一个理论体系中）。包括社会制度、宗教信仰、礼仪制度、教育制度、称谓制度、甚至语言制度等。包括人们的思维方式、行为方式、个人信仰、人生观、价值取向和审美取向。

二、文化的功能与特征

(一) 文化的功能

福勒（Fuller）认为"文化可以帮助人们简化一切"（文化使一切变得容易）。首先，文化可以赋予人们、各种物体和事件一定的意义，以便于传播，从而帮助人们认识、学习和理解这些意义；第二，文化可以为人们的生活提供秩序和清晰的参照系，使人们对世界没有一种神秘和恐惧的感觉；最后，文化还可以为人们的基本生活需求提供必要的服务，使人们能够预测未来，感知环境。

在中国，我们一直强调文化在社会变革和发展中的强大作用。党的十六大报告指出，在当今世界，文化、经济、政治相互交融，在综合国力竞争中发挥着越来越重要的作用。文化的力量深深植根于民族的活力、创造力和凝聚力之中，党的十六届四中全会的《决定》明确提出了"解放和发展文化生产力"。认真研究和深入理解这些论述，对我们充分认识文化的战略地位具有重要意义。

纵观人类社会发展的历史，文化不仅体现在社会凝聚力和社会经济发展的推动作用上，而且体现在社会规范、调节和控制的作用上，也体现在对社会发展的指导作用上。

（二）文化特性

我们知道文化是一个多层次的有机整体，所以文化有许多属性。

1. 时代与民族

文化具有鲜明的时代特征，这意味着不同时代的文化之间存在着明显的差异。这是因为历史时代的划分往往是基于生产方式的本质差异，从广义上讲，生产方式本身就是一种文化，因此，生产方式的时差也是一种文化时差。

在同一个民族的文化中，任何时代文化的共同之处，即超越时代特征的文化，是这个民族永恒的文化，这种文化与这个民族是分不开的。文化的超越性也体现在一些具有鲜明时代痕迹的文化，特别是软性文化，能够超越它们产生的时代，与新纪元和新纪元文化共存，从而构成新旧文化的冲突。

纵向上，时代的本质是最重要的，时代性的差异表现在文化的兴衰和变迁；横向上，民族是最重要的，文化是一种精神创造，只要民族不永远存在，文化民族性是文化的根本属性。由于自然条件的不同和地理因素带来的不同文化共生的影响，不同的人类群体往往形成不同的价值体系、思维方式和行为倾向。在此基础上，某一社会群体将不同于其他群体的文化特征，一组文化特征在一定的条件和范围内共同构成一种独特的生活方式甚至文化形式。事实上，所谓的整体文化是多种具体文化类型的融合，而民族通常是第一层次的文化整合模式。

2. 区域性与超区域性

文化是人类历史的产物。它是随着人类的诞生而产生的，是随着人类的发展而产生的。当人类诞生的时候，首先被划分为区域，彼此孤立，因此，不同群体的人就会根据自己不同的方式来创造自己的文化。可以看出，文化一经形成，就具有鲜明的地域特征，使各地区的文化产生了明显的差异。即使在信息现代化的情况下，地球也有可能成为一个以全球卫星传输的信息为基础的"地球村"。还有相对的地域边界和地域文化。

文化还具有超地域的特点，表现在两个方面：

有些文化既存在于该地区，也存在于该地区，因此它不是某一特定地区的特定文化，而是许多地区的共同文化，或人类的性文化。人类的性文化标志着人类内部的共同文化，也标志着人与自然和人以外的动物的区别。这种人类的性文化也是一种客观现象。

只有在某一特定地区被接受之前，其他地区才能接受、吸收或吸收某些文化。这种文化在被其他地区接受之前就属于地域文化，但之后成为超国家的文化，甚至是人类的性文化。从总体上讲，从地域文化到地域人文，自然、技术、发明等一系列软硬文化都是典型的。

3. 符号字符

创造文化的过程就是创造和使用符号的过程。任何文化都是一个符号系统。文化不是与生俱来的，而是人们通过符号获得和传授的知识。它也展示了在这些符号的创造和使用过程中的思维方式和行为。人是一种"象征性的动物"。象征思维和象征行为是人类生活中最具代表性的特征。人类创造了一个文化世界，在本质上为自己创造了一个"象征性的宇宙"。在文化创造的过程中，人类不断地将对世界、事物和现象的意义和价值的理解转化为某种具体的、可感的行为形式或方式，从而在这些特定的行为形式或方式中产生一定的象征意义。构成文化符号，成为人们在生活中必须遵循的习俗或规则。因此，人们生活在这些习俗或规则的规范中，生活在他们创造的文化符号的世界里，一方面他们受到文化的制约。另一方面，通过文化约束来承载和表达其生命的意义和价值。例如，在中国古代封建等级制度中，服装的颜色是一种等级制度。因此，服装的颜色已经成为一种特殊身份的象征。在等级观念淡薄的今天，服装色彩等级的象征意义已不复存在，但在追求服饰颜色或风格与年龄、性别、身份、行业、环境和风俗的和谐统一的同时，人们对色彩和风格赋予了丰富的审美意义。担任某些社会角色（如军事和警察、执法人员等）必须加以标记，服装的颜色和款式仍然具有身份符号的符号功能。

4. 兼容性

任何文化都有兼容性，这是文化生存和发展的内在动力。所谓"开放文化"或"封闭文化"是相对来说，既没有完全开放的文化，也没有完全封闭的文化。完全开放的文化因其自身的文化个性而在其他文化中融为一体；完全封闭的文化由于缺乏与其他文化的沟通而失去发展和更新的动力，最终消亡。

5. 积分性质

文化是一套可以理想化的群体行为规则，它可能出现在一个社会或群体的所有成员的行为中。这样，我们就有了中国文化、美国文化或东方文化、西方文化等等的统一表述，而在主流文化中，如亚文化或群体文化、地域文化、商业文化、性别文化等，则形成了统一的表述。这意味着社会组织、社会结构、社会关系、社会地位都属于文化范畴。历史产生和选择的传统思想，特别是世界观、价值观等文化的核心要素，虽然不属于行为范畴，但与计算机一样，是为人们的行为和思维而设计的。因此，定义通信的内容和方式以及编码过程。世界观和价值观常被称为"文化实体""民族性"。可以看出，文化是一个由多个要素组成的复杂整体，是某一文化群体（通常是少数民族）为满足生存需要而创造的一套完整的生活、思想和行为。在这一总体模式中，各要素相辅相成，相互融合，相互渗透，共同发挥塑造民族特色和民族精神的作用。

6. 可学习性

人生来就有学习语言的能力，文化的习得与语言的习得是一样的，在母语学习的环境中，文化的习得与语言的习得是同步的。但生活在一种语言和文化中，人们往往没有意识到文化的存在。外语学习是不同的。人们经常在母语的文化环境中学习外语，比如我们的英语学习，那么语言和文化的研究就可能失去联系，也就是说，外语的研究不是建立在外语文化的基础上，而是建立在母语文化的基础之上的。这种对外语和母语文化的嫁接不会产生生物学上的优势，反而会导致对外语的无意识误读。例如，中国的"唯物主义"是一个借鉴西方的概念，所以我们普遍认为它与唯物主义在概念上是完全相同的。事实上，"唯物主义"和"唯物主义"除了同一个哲学流派之外，几乎没有什么共同点。唯物主义在英语中包含"物质至上""追求物质享受"等贬义成分，这在汉语"唯物主义"中根本找不到。正是因为语言和文化的交融，所以在外语研究中，许多专家反复强调"学一门语言就是学一种文化"。

三、中西文化的起源

（一）中西文化的起源

1. 中国文化的起源

《易·贲卦》中说："观乎天文，以察时变；观乎人文，以化成天下。"此处"天文"指的是大自然的运行规律，"人文"指的是社会伦常，这里把"天文"和"人文"作为两个方面，要求国家的掌权者要将二者结合起来，既要掌握大自然的运行规律，又要把握社会中的人伦纲常。

"文化"一词最早出现在西汉刘向所编《说苑·指武篇》。"凡武之兴，为不服也，文化不改，然后加诛。"此处的"文化"用作动词，意为"以文德教化之"，其源似出于《周易》中"观乎人文以化成天下"之句的凝缩。这一同义以后引申为概指文治与教化，如西晋束晳《补亡诗·由仪》有"文化内辑，武功外悠"之句。另如，南齐王融《三月三日曲水诗序》中的"设神理以景俗，敷文化以柔远"，其用法已与今天近似，然查其本意，恐仍不出文治教化的观念。这一意义已经发展成为现代汉语，它是指一般知识和教养的含义，如"教育水平"等。这与文化学意义上的文化概念相去甚远，文化作为专业术语的含义与西方文化人类学的兴起有着密切的关系。

（二）中西文化的传承

1. 中国文化的传承

中国是世界的古老文明，中华民族有着优良的文化传统，中国传统文化博大精深，历史悠久。

（1）夏商周

夏、商、周三代是中华民族从原始社会向奴隶社会、封建社会发展的过渡时期。夏商时期，中华民族脱离了野蛮的国家，进入了文明社会。三代文化主要包括三个方面。

汉字。写作是记录语言的工具，语言是文化的载体。汉字的起源在文明的发展和传承中起着重要的作用。从传奇词苍节到甲骨文、商朝铭文，再到秦始皇统一六国演义后的小传文字，可以说，汉字的统一为各民族和地区的交流提供了良好的条件。为国家的统一和民族的团结建立不朽的贡献。

天文学和日历。中国传统文化是农业文化，农业副业生产需要精确的农耕季节，古人十分重视天文现象的观测，这推动了古代天文学的发展。在长期的生产实践中，古人逐渐认识到季节更替和气候变化的规律，将年分为二十四节气，如春初、雨水、惊刺、春分、清明、春分等，以反映季节、温度、降雨和物候的变化。必须指出的是，二十四节气这一系统是逐步完善的，五代古人已经掌握了春分、夏至、秋分四大最重要的节气。

周礼。有学者认为，西周文化是礼乐文化。事实上，西周时期也是中国古代文化转型的重要时期。周公塑造了周礼，创造了西周辉煌的思想文化。当然，周礼的目的是建立宗法制度。这些制度主要包括长子继承制度、分治制度和祭祀制度。必须看到，周人的礼乐文化在一定程度上淡化了殷商神鬼的文化观念，对后世儒学和春秋时期百家争鸣产生了重大影响。

（2）春秋战国时期

春秋战国时期，社会的巨大变化使思想家们各抒己见，出现了百家争鸣的局面，百家争鸣，互相攻击，互相吸收，互相排斥，互相渗透。在相互批判和相互融合的基础上，形成了中国文化的基本形态。

《汉书·诸子略》把"诸子百家"分为儒家、道家、法家、名家、阴阳家、墨家、纵横家、农家、杂家、小说家共十家,而《史记》则提出"六家要旨",即阴阳家、名家、法家、儒家、墨家、道家。实际上,对中国传统文化影响最大的是儒、道、墨、法四家,这四家各有自己追求的理想人格和价值取向,最终凝聚成一种民族精神,体现为中国文化的深层结构。

(3) 秦汉、魏晋南北朝、隋唐

公元前221年,秦国统一了六国,形成了一个空前的多民族帝国,实现了由分印制向县制的过渡,建立了中国历史上第一个君主制和中央集权王朝。秦统一文字,"书同文"扫除了各民族和地区文学交流的障碍,"车同轨"促进了贸易和文化交流,加强了权力的集权。"度同制"统一了货币与措施,使经济活动具有统一的标准;"实践同伦"以法律为教学手段,旨在统一人们的文化心理;"同地域的地方"消除了地域壁垒。另一方面,秦始皇焚毁了儒学,造成了中国文化史上第一次空前的灾难。

佛教从魏晋传入中国,学者们普遍认为佛教传入中国是汉代哀悼皇帝的时期。大禹使者首先将布绪经传入中国,但佛教的正式传入是在东汉韩明皇帝的统治时期。

公元581年,隋朝皇帝杨戬建立了隋朝。隋唐时期,实现了国家的统一,南北结合出现在思想文化方面。唐代是汉代以后的第二鼎盛时期,伴随着"贞节统治"和"开元盛世"的出现。盛唐思想文化极为开明,在思想领域奉行儒、道、佛并存的文化政策。

(4) 宋元明清

宋代,理学盛行,成为主流思想文化.新儒学的创始人是周敦颐,他结合了老子的《老子》的"无极",《周易》的"太极",《中庸》的"诚"以及阴阳五行等学说,解释了宇宙万物的形成和变化规律。本文阐述了封建人伦伦理,表达了"格物致知"的认识规律,提出了"修身、齐家、治国、平天下"的官职生涯范式。宋代文化艺术的发展也达到了一个新的高峰。词作为一种文体,起源于城市民谣,成熟于宋代,唐宋诗歌是中国文学史上的两座丰碑。两宋绘画体现了典雅的特点,章启端的"清明江面"是宋都边景的真实再现,作为小说的一种粗俗文化,在语言形式上,为后世通俗小说开辟了第一条。

两宋科技也取得了很大成就。四大发明的印刷、罗盘和火药都是在宋代产生的。宋代在天文学、数学、医学、建筑等方面出现了无数的发明和创造,创造了一个辉煌的中国科学技术时代。

元代最重要的艺术成就是杂剧,元杂剧形成于金代,成熟于元代,故又称金元杂剧。

明清两代在思想文化方面，封建统治阶级实行高压政策，两代统治者都大兴文字狱，推行文化专制主义，到了康熙以后，整个思想界出现了思想麻木、万马齐喑的局面。在明清时期的思想文化中，郑朱理学占据了主导地位，另外，明清小说将现实主义文学推向了顶峰。

鸦片战争结束后，面对欧洲的战舰和大炮，"师夷长技以制夷"成为中国人民的强烈愿望。然而，随着对西方世界认识的加深，改革派突破了西方式思维的局限，将改进的先锋直接指向官僚主义。他们通过翻译将西方思想文化引入中国。这导致了一场新的文化运动。新文化运动从"文革"开始，然后扩展到文化领域。它旨在以批判的态度重新审视、理解和评价传统文化，倡导在西方引进民主和科学，并从根本上改造传统文化。洋务运动深刻地震撼了中国传统农业社会的经济结构，开启了中国文化转型的序幕。新文化运动是中国文化向精神层面转变的重要标志。中国传统文化以西方现代文化为目标，向前迈进，许多文化流派为此做出了不懈的努力。

然而，历史实践证明，中国共产党人选择的马克思主义、新的共产主义文化和相应的社会、政治、经济结构是中华民族走向辉煌的唯一正确选择。

2.西方文化的传承

（1）古希腊和罗马时期

西方文化起源于希腊，比罗马文化的发扬光大。罗马文化是希腊文化的继承和发展，在西方文化史上占有重要地位。从文化精神上看，古希腊罗马文化是一种世俗的精神文化，当时人们认为世界人类存在、循环，是没有尽头的，即人类历史是无限的循环。

古希腊是西方哲学的发源地。苏格拉底、柏拉图和亚里士多德被称为哲学的"三圣"。古希腊哲学诞生于神话思维和原始宗教意识的基础上。它是人类理性发展的产物，用理性代替幻想，用智慧代替想象。以经验事实为基础进行探索和解释。

古希腊科学技术成就五花八门，数学家欧几里得成为现代几何学的奠基人。阿基米德是著名的数学家，他发现了比例定理，论证和发展了力学的基本原理，特别是杠杆原理，成为力学和流体力学的奠基人。根据地球是球形的原理，天文学家埃拉托斯特尼计算出地球的实际长度和周长之间的差别很小。毕达哥拉斯提出了著名的数学毕达哥拉斯定理。

古希腊在文学、艺术和历史方面取得了前所未有的成就。希腊神话和三位伟大的悲剧作家埃斯库罗斯、索福克勒斯和欧里皮德斯创造了人类历史上的早期悲剧作品。奠定了西方悲剧文化的基础。历史上有三位历史学家：希罗多德、修昔底德和萨诺罗。

古罗马文化是对古希腊文化的继承和发展，罗马文化继承了希腊文化的特点，在哲学、文学、戏剧、写作、雕塑等方面对希腊文化进行了传承。

罗马字母是世界上最流行的字母表系统，这是不争的事实。

在哲学方面，罗马流行的新斯多主义者继承了希腊学派，坚持传统的道德宿命论，要求人们完全服从命运。斯托加学派的理论被后来的基督教神学理论所吸收。

在文学艺术创作方面，罗马人在诗歌、散文、戏剧、传记等方面都取得了辉煌的成就。在散文方面，西塞罗的言论和书信体散文具有很强的论证力和说服力，被称为"西塞罗风格"。著名诗人维吉尔的"田园诗"歌颂意大利田园风光，表达了对生活的向往。此外，诗人贺拉斯和奥维德也创作了许多杰出的作品，在戏剧领域，有两位戏剧大师：普鲁德苏和特伦斯。

在建筑上，罗马人继承了希腊的美学传统，建造了大型公共浴室，还修建了雄伟的拱门、操纵杆等。

（2）中世纪时期

中世纪哲学与基督神学相结合，成为神学的一部分。中世纪哲学家争论的主要对立命题有两种：信仰与理性的关系、唯名论或现实论。

中世纪的雕塑和绘画主要表现圣经人物和圣经故事，建筑艺术也主要体现在教堂中。建筑风格雄伟，令人望而生畏。

在文学创作中，随着骑士阶级的出现，骑士文学的出现。由于商业的兴起和城市的复兴，产生了城市文学。其形式主要是以押韵故事、《农民医生》和《列那狐传奇》为代表的作品。

随着商品经济的发展和城市的复兴，12世纪以来原有的教会学校已经不能满足文化教育的需要。许多城市学校相继成立，并在此基础上出现了一些中世纪大学。大学的建立促进了科学文化的发展，为文艺复兴奠定了坚实的基础。

（3）文艺复兴时期

文艺复兴和宗教改革是西方社会向近代的两次重大变革，也是西方文化发展的转折点。文艺复兴的核心是人本主义运动，其实质是以个人本位为基础的个人主义资产阶级思潮。这一思潮的核心是人文主义观，它体现了以个人为中心的鲜明特征。在这种新的价值观念的帮助下，人文主义逐渐渗透到整个思想文化领域，最终形成了文艺复兴，一个新的文化运动。宗教改革是一场重建人类神性和信仰权威的运动，应该说是文艺复兴的延续。如果说人文主义运动拿着解放思想的旗帜，从外部角度批判基督教的专制统治和腐败，那么宗教改革就是基督教发展的变化和深层价值观的革命。

文艺复兴始于文学，在意大利出现了人文主义的三大代表：但丁、彼得拉克和佩达奇。他们也称文艺复兴为三大英雄，是西方现代文化的开拓者。文艺复兴时期的文学，但丁开启了它的终结，莎士比亚创造了它的巨大成功。

文艺复兴时期绘画上取得的艺术成就也令人倍加推崇。代表作品有波提切利的《维纳斯的诞生》，达·芬奇的《蒙娜丽莎》和《最后的晚餐》。

米开朗琪罗是当时著名的雕刻家、画家和建筑师，代表作雕塑《大卫》，壁画《创世纪》。拉斐尔以画圣母像著名，代表作《雅典学派》。

（4）近代

16世纪至20世纪初，西欧发生了科学革命、政治革命，确立了两种文化的历史地位，其文化成就引起了世界的关注。

文学上，在启蒙运动时期，17世纪法国伟大剧作家莫里哀把喜剧艺术推向高峰。启蒙主义思想家伏尔泰、孟德斯鸠、狄德罗、卢梭都是著名文学家，伏尔泰的《老实人》，孟德斯鸠的《波斯人信札》，狄德罗的《修女》，卢梭的《新爱洛伊丝》，用文学的形式表达了启蒙主义者的思想。此后，德国歌德的《浮士德》和《少年维特之烦恼》，深刻体现了人文主义精神。雨果是法国浪漫主义文学最杰出的代表作家，他的《悲惨世界》描写了法国大革命的场景，提出了人道主义的理想。司汤达的《红与黑》则反映了法国王政复辟时期，上流社会对追求自由的年轻人的压制与迫害。巴尔扎克的《人间喜剧》成为19世纪法国整个社会历史的画卷。英国诗人拜伦以诗歌为武器，对"文明社会"进行揭露和批判，表达了对自由的渴望。英国的狄更斯和俄罗斯的托尔斯泰的作品也达到了文艺的顶峰。

17世纪西方艺术进入了一个新的时代，巴洛克时代。这种艺术风格与中世纪的传统背道而驰，创造了一种不规则而独特的艺术形象。其代表人物是意大利雕刻家、画家、建筑师贝里尼。在巴洛克艺术中，荷兰画派独具特色，鲁本斯、伦勃朗的作品具有很高的艺术价值。

（三）中西文化的基本差异

地理环境、历史背景、发展过程等因素的差异最终会导致每个民族都有自己的特色，中西文化也不例外。一个民族要想在世界上生存下去，就必须有适应世界潮流的能力和与其他民族共存的精神和精神，但必须坚持自己文化的根源，坚持自己民族精神的源泉，保持自己的社会特色。

1.人与人之间的关系

中华文化是一元的，而西方文化则是多元的。中国人，自古以来就有"大一统"或"大同"的观念。古圣先贤，教我们推己及人，己立立人，己达达人，成己、成人、成物，君子当效天行之健，而自强不息。大学里所说致知、诚意、正心、修身、齐家、治国、平天下的道理，也是由内而外，由近及远，视天下国家为个人生命的扩延。孔子说："吾道一改贯之"，孟子说："夫道，一而已"。中国人，一向主张"设身处地，将人心比我心"；主张"老吾老以及人之老，幼吾幼以及人之幼"，主张"发挥人溺己溺的爱心"，主张"内圣外王，君子慎乎独，以求表里一致，诚以待人"。认为"一家兴仁，可期举国兴仁"。着眼点都是在于改善整个社会，乃至人类、万物全体的情况。所谓"四海一家"，或"四海之内皆兄弟也"。

　　西方文化是多元的，西方人注重变化、多样性或多元化。在物质文明高度发达的国家，西方文化的多样性或多元性最为突出。在第二次美国革命中，洛克费尔一再强调个性、个人自由、自我发展和个人事业。他说，在美国文化和社会中，多元化和多样性一直是非常强烈和突出的特点。长期以来，美国对幸福的渴望在杰弗逊的《独立宣言》中得到了明确的表达。欧美文化的多样性是欧美人民个性的结果，他们个性的发挥已经走向了狂野，影响了整个人性。人的思想是不同的，他们的脸，每个人的爱与恶，或多或少都与别人不同，所以对事物的看法和态度，也由人与人不同。双方的个人主义有着悠久的历史。例如，《荷马史诗》是欧美文学的主要来源之一。

　　由于个人主义在西方的盛行，每个人都希望充分发挥自己独特的个性，充分享受自己的权利和自由。因此，必须制定更严格的法律来纠正个人行为。这样，人们就不会因为人身自由的过度膨胀和对他人自由的偏见。由于欧美社会特别关注个人的白人理性和权利，个人与个人、个人与社会、个人与国家之间，主要是一种法律与契约关系。因此，维护欧洲和美国的社会秩序就是法治。西方人重视法治，因为他们重视个人自由。为了避免个人与个人之间的冲突，精确的法律是必不可少的。

　　传统上，中国人重视礼节或伦理。礼貌是尊重的表现，尊重是礼节的内在精神。古代圣贤非常重视礼节。每个人都应该注意遵守礼仪，而不是乱搞。在保持良好的人格和良好的人际关系方面，强调五道：君主、父子、夫妻、兄弟、朋友、散打：智慧、仁爱、勇气，重视对天地王的父母和老师的尊重；四个维度：礼、义、正、耻，认为这四个维度是不开放的，国家被毁灭了；此外，还有忠诚、孝顺、爱、信仰与和平的八大美德。然而，在和谐人际关系的所有美德中，孝道是最重要的。所谓"史兴孝第一"，孝道是道德的基础，孝道是中华文化的品质，可以为其他文化骄傲。在维护和谐的人际关系方面，中国的伦理体系明显优于西方的法治。在完善社会法治的时代，我们应该继承和发扬中华民族优秀的文化传统，而不是完全抛弃它。

　　2. 人与自然的关系

　　中国文化注重人与自然的和谐，而西方文化则强调征服自然。

人与自然统一的理论并不否定人对自然的改造、调节、控制和引导的必要性。这一理论不同于西方的征服自然理论，认为人在自然界中处于辅助地位，人不仅要改造自然，而且要适应自然，人类活动的目的不是统治自然。但是，要调整和改造自然以满足人类的需要，我们必须注意不要破坏&然而，自然界的一切事物都是可以产生和发展的。

西方文化强调征服自然、征服自然的思想渊源可以追溯到基督教经典《圣经》。《圣经》认为，世界是上帝创造的，人是上帝创造的。上帝以他自己的形象创造了人，派遣他去管理他所创造的一切。圣经上还说，人和自然相处得很好，上帝惩罚亚当和夏娃的罪过，因为他们吃了智慧的果实，伊甸园的禁果。上帝让蛇和世界成为敌人，让土地长出荆棘，让人们必须整年工作，汗水，可以被吃掉。这些论述蕴涵着一系列关于人与自然关系的思想：第一，人站在自然的顶端，有能力统治自然界；第二，人与自然是敌对的；第三，人必须在艰苦奋斗中征服自然，才能求得自己的生存。这些思想对人与自然的关系产生了深远的影响，在很大程度上形成了西方文化对人与自然关系的基本态度。

征服和征服自然的思想深深植根于西方文化之中，以至于思想家们不愿把精力投入到对这个问题本身的讨论上。他们讨论得最多的是如何征服和征服自然。然而，他们忽视了一些问题，即他们夸大了精神和思想在征服和征服自然中的作用；他们也忽视了征服自然，占领自然可能导致对自然的报复。

西方现代思想家，尤其是唯物主义哲学家，长期以来都不同意基督教把人置于自然之外的观点。他们坚信，人也是自然的产物，也是自然的一部分。随着生物进化的到来，这一观点逐渐被人们所认可。然而，这种理解并没有导致人类对自然的态度发生变化。

在西方思想史上，马克思、恩格斯首先认识到人与自然不仅是对立的，而且是和谐的。虽然他们也主张征服，但在马克思看来，这种征服意味着使自然成为"人的精神的无机境界"和"人的无机物"，成为人的本质，即生命表达的对象。它意味着在高中一年级恢复人与自然的统一。这种统一是"人与自然完整本质的统一、自然的真正复活、人的自然主义和自然实现的人道主义"。但这只能代表一类思想。

3.民族关系

中西文化差异是协和与征服世界的区别。

中国有一个不对外扩张就必须维护民族独立的传统，其理想的民族关系模式是通过道德启蒙"与各民族协调"，这是中国爱好和平的优良传统。许多思想家主张征服其他民族，甚至统治世界，而这些思想往往被当权者所采纳并付诸实践。

秦汉以来，中国一直是一个统一的多民族国家，汉民族作为主要的民族，是历史上许多民族融合同化而形成的。在中国历史上，如何处理好民族与周边民族的关系一直是一个重大的政治问题。从本质上讲，在漫长的历史进程中，中国各民族之间的政治、经济、文化联系日益紧密，形成了强大的凝聚力。历史上各民族之间虽有友好交往和战争，历史上也有统一和分裂的局面，但各民族相互吸收、相互依存、逐步接近。我们共同创造和发展了一个统一的、多民族的伟大祖国，促进了中国历史的发展。这是历史上民族关系的主流。

民族关系史上主流民族关系的形成有一定的经济基础，也与汉族作为处理民族关系的主要民族的理论和政策有关。

近代西方国家是在日耳曼野蛮人征服两个罗马帝国后，在资本主义经济发展的基础上逐步形成的。但在古代和中世纪，西方人以希腊人与野蛮人、基督教和异教徒之间的对立形式意识到了民族差异的问题。

在西方现代民族的形成和发展中，有两个重要因素：一是征服古罗马帝国的日耳曼人保留了个人才能、勇敢、热爱自由、民主本能等高级野蛮品质；二是商品经济的发展和中世纪后市场阶级的形成。

随着资本主义的发展，现代西方国家正处于历史舞台上。随着资本主义的发展，英国、法国、德国、意大利等国摆脱了罗马教会的控制，结束了内部的封建主义，建立了民族国家。形成了共同的语言、共同的地域、共同的经济生活和共同的文化心理状态。同时，随着这一历史的发展，民族主义思潮应运而生，成为资产阶级处理民族问题和民族关系的原则和政策。

第二节 多元文化主义概述

毫无疑问，今天的社会是一个多元文化的社会。此外，整个社会将继续朝着多元文化的方向发展。在这一章中，我们讨论了多元文化的知识。

一、多元文化主义的含义和特点

（一）多元文化的含义

1.多元文化观

就文化本身的发展而言，长期以来，在达尔文进化论的基础上，文化被认为是精英活动的总体标志，也是从野蛮到高度文明的发展过程。然而，自20世纪50年代以来，这一观点逐渐受到质疑和批评。文化被认为是人们在不同的时间和地点以不同的方式和方式进行的。它具有特殊的历史特征，其意义取决于特定的情况。这种文化的概念已经成为现代多元文化的基础。多元文化理论认为，由不同信仰、行为方式、肤色、语言等不同民族组成的国家文化应相互支持，平等存在。

20世纪60年代，随着欧美民权运动的兴起，文化自身的发展和后现代主义的宣传，多元文化不仅成为现实，而且成为社会政治生活的一种条件。已经成为家庭B政策的重要组成部分。"多元文化主义"一词于20世纪80年代开始在美国出现，并被引入政治舞台，受到两国的高度重视。在历史研究、教育、文化批评等领域对社会改革进行了不同程度的研究和应用。

虽然多元文化的现象一直存在，但多元文化的概念是社会发展的结果，也是全球化的结果。没有全球化，就不可能提出多样性问题。全球化对多元文化观念的影响主要表现在以下几个方面。

经济全球化和后殖民国家给西方社会带来了巨大的变化，产生了一个以后现代性为特征的后工业社会。后现代性极大地推动了各种"中心主义"的解体，世界的每一个角落都成为其不可分割的一部分，每个角落都有其存在的合法性。一方面，这极大地解放了多元文化主义的发展；另一方面，所有文化都认识到，不仅需要吸收其他文化，以充实自己，而且需要与其他文化相比，更深入地了解自己，以便发展与你自己的习惯和心态完全不同的其他文化，这需要一个更广阔的视野。这样，文化多样性的发展等问题就会被提出来，并逐渐得到重视。

全球化促进了殖民制度的解体，创造了一个后殖民社会。特别是自第二次世界大战以来，许多国家都在寻求自己的文化独立。例如，以色列决定恢复长期以来只用于宗教仪式的希伯来语作为一种共同语言，马来西亚和马来西亚坚持将马来语作为民族语言，以强调其民族团结。为了强调自身文化的特殊性，一些东方国家的领导人和学者提出了"亚洲价值"的概念。可以看出，文化总是朝着多元化的方向发展，后殖民主义为多元文化的发展奠定了基础。

生命球化带来的物质文化丰富，使以前贫乏地区的人们在创造物质文化的同时，也发展了自己的精神文化。可以说，由于经济和技术的发展，人类的互动比今天更加频繁。正是在频繁的互动中，那些在偏远地区，原始未知的少数民族文化开始广为人知和发展起来。这无疑也为文化多元化的发展提供了条件。

2. 多元文化观

20世纪五六十年代，多元文化主要指两种文化现象：一是殖民文化和后殖民社会文化。第二点是不同的民族文化，即有不同的社会文化渊源的民族共存，但各民族之间的文化特征却有较大的差异。随着人们对文化认识的加深，对多元文化的理解也发生了很大的变化。例如，一些研究人员认为，殖民地国家的被统治文化和被统治文化不仅有区别，而且在世界发达地区和国家也有区别。价值观和意识形态的差异不仅存在于各民族之间，也存在于同一社会地区。在阶级、年龄、性别和宗教之间存在着这样的差异。

多元文化是相对于传统的单一文化。在过去，文化发展的固定模式是某一社会、地区、群体或阶层中单一文化的存在和发展。另一方面，多元文化是指在一个特定的体系中同时存在的各种文化，如一个社会、一个地区、一个群体或一个阶层，每一种文化都有自己的文化特征。多元文化在空间上具有多样性，在时间上具有共时性。

从第一节对文化的描述可以看出，文化的含义非常宽泛，其概念本身就是一个非常复杂的事物。因此，对多元文化的理解存在着不同的观点。文化本身分为广义文化和狭义文化。多元文化中的"文化"不仅是狭义的文化概念，也是广义上的人类文明现象。具体来说，它不仅涵盖了人类的一般生活方式，包括人类文化知识的内容和教育水平，而且还涵盖了某一社会、地区、群体的各种生活方式。因此，多元文化也可以从广义和狭义上，或者从宏观和微观方面来理解。从宏观上看，多元文化主义是指人的各种哲学价值观、信仰、法律观念、艺术风格、风俗习惯和行为习惯的综合。从微观上看，多元文化主义也可以指文化的狭义含义，即指从人类生活中提炼、升华和积累的高度智慧和理性的事物。

（二）多元文化

不同的时代有不同的文化。多元文化主义也呈现出不同的特点。当今，经济全球化趋势、政治多极化格局的形成和信息技术的迅速发展对多元文化产生了重要影响，并赋予了多元文化时代鲜明的特征。多元文化主义的特点可以概括为以下几个方面。

全球化。全球化和信息化的发展是分不开的，今天的社会也是一个信息社会。信息技术的发展将把整个世界连接成一个巨大的信息网络，无论你身在何处，只要你包含在信息网络中，你就可以知道世界正在发生变化。然而，世界上一些地方性的社会变革能够及时、准确地传播到世界各地，并产生全球性的影响。因此，全球各区域之间的联系大大加强。通过这种方式，各种文化在传播和交流上相互学习，相互融合，使世界真正成为一个"地球村"。

信息工业革命以来，主导人类文化的是工业文化，工业文化的核心是机器系统。到了20世纪40年代，以计算机、人造地球卫星、电视等为核心的信息技术形成了统一的通信系统。它的基本特征是信息的整合，即可以超越时间和空间的限制。在世界范围内进行及时、准确、全面的处理、传输、存储信息，从而将人类的信息作为一个整体联系起来。信息既是多元文化的载体和媒介，也是多元文化的组成部分。

多元文化交流与研究在世界范围内得到了前所未有的发展。20世纪40年代以来，由于全球化和信息技术的发展，出现了跨学科的综合性研究热潮。世界上许多文化，如中国文化、欧洲文化、印度文化和日本文化，都得到了大量学者的研究。不仅如此，随着文化交流的发展，越来越多的人生活在异质文化中，每一种文化相互渗透，任何一种文化都会受到其他文化的影响，并会不同程度地吸收其他文化以寻求自身的发展。

二、多元文化教育

（1）多元文化教育的意义

多元文化教育是20世纪特定学科和政治活动发展的产物。多元文化教育概念自提出以来一直受到多国际的关注。许多学者从不同的角度、不同的方式来解读多元文化教育。

美国学者盖伊（Genera Gay）说："阐明多元文化教育的明确哲学对于学校课程的发展是非常重要的。"多元文化教育哲学认为，民族文化多样性和文化多元性应是美国教育的重要组成部分和不间断特征。学校应该教学生真正接受文化和种族多样性作为美国的社会标准和有价值的东西。"

英国多元文化教育理论家詹姆斯·林奇（James Lynch）认为，多元文化教育是指在文化、意识、自我评价等方面满足各民族或个人需要的教育改革运动，旨在帮助不同文化的各民族学会在多元文化社会中积极和谐地生活。在考虑种族差异的基础上，保持各群体之间的均衡教育成就，促进相互尊重和容忍。

美国多元文化教育家詹姆斯·班克斯说："多元文化教育是一场精心设计的社会改革运动，旨在改变教育环境，使来自不同种族、民族、性别和班级的学生能够平等地接受教育。"班克斯对多元文化教育概念的解释得到了许多学者的认可。

日本学者对多元文化教育的看法更为一致。他们认为，多元文化教育是面向多民族国家中具有不同文化和族裔背景的年轻人的。特别是，弱势社会群体的儿童，如少数民族和移民，可获得平等的教育机会，并在尊重其族裔和文化特征的基础上予以实施。

虽然许多学者对多元文化教育有不同的看法，但在某些方面仍存在分歧。例如，多元文化课程应体现平等正义的原则，多元文化课程应使所有学生在种族平等和差异的过程中实现自我认同，实现他人的认同。多元文化课程应适应区域文化与区域间文化的理解与和谐，多元文化课程应包括对全人类文化的理解与批判等。

20世纪90年代以来，学者们对多元文化教育的认识越来越一致。多元文化教育是以尊重不同文化为出发点，促进不同文化群体之间的相互理解和交流，促进不同文化群体之间的相互理解和交流，从而有计划地实施一种共同的、平等的"不同文化教育"。具体而言，多元文化教育必须帮助学生获得在国家主流文化中生存所需的知识、技能和态度，同时也应有助于培养学生在自己的民族亚文化和其他少数民族亚文化中生存的能力。

此外，所有学生，包括来自少数民族的学生，不论其种族、宗教、语言、性别等，都必须通过多元文化教育，承认和理解各种社会文化，包括他们所属的文化，以及所有族裔群体共有的普遍的民族主流文化。

（二）多元文化教育的起源

1.哲学渊源

多元文化教育与哲学的渊源主要体现在后现代主义及其发展上。中国的一些学者指出，后现代主义发生在1960年前后的欧洲大陆。从时间的角度来看，多元文化教育也在1960年代兴起。

在美国，后现代主义最初是一种社会文化现象，作为一种比欧洲大陆晚的学术现象，一般认为它是从法国和德国引进的。作为时代精神哲学中的后现代思潮，其对西方社会政治文化的描述基本符合西方社会的现实。后现代主义基本上是20世纪50年代美国社会的真实写照。后现代主义没有统一的思想体系。它的许多著名代表，如福柯、拉康、易货、罗蒂等，都有自己关心的方面和立场。然而，他们都对"真""理性""确定性""一致性""系统"等概念进行了批判，强调"非集权""多样性""边缘""异质"等概念。事实上，文化多元化也提倡这些概念和原则。后现代主义体现了一种由"一元论"向"多元主义"转变的思想，"多元主义"是文化多元化的核心，也是多元文化课程的重要理念。

后现代主义思想与多元文化教育的产生可能没有明显的因果关系，但不可否认的是，后现代理论的多元观在多元文化教育的产生和发展中确实起到了促进作用。可以理解，文化多元性是后现代思想复杂系统的一部分。此外，文化多元化概念的出现也得益于后现代主义思潮对知识与权利关系的认识。后现代主义认为，所有的知识和真理都不是客观的、中立的和普遍的，而是导致对个性和多样性的压制，鼓励服从和同质化。如今，随着政治、经济和文化的发展，人们开始质疑知识的客观性，人们开始赋予判断知识和真理的"合法性"。也就是说，真理不再是一个事实问题，而是一个价值问题。在一个多元化的世界里，人们面对着各种不同标准的知识，主流文化及其标准受到越来越多的挑战，主流文化主导的教育和课程也受到多元文化教育和课程的挑战。

2.经济和科技的起源

马克思主义认为，科学技术是生产力，生产力是社会发展的根本动力。科学技术是推动社会变革的最有利因素。人类历史的进步和发展是在科学技术的推动下进行的。由于各种通信技术的发展，特别是网络技术的发展，人们可以间接地了解不同的文化和群体，并意识到世界上没有什么不寻常的东西。众所周知，世界是由不同的群体和不同的文化组成的。文化多样性的理念已深深植根于人民的心中。

另一方面，自工业革命以来，资本主义为了追求更大的利润，其资本在地区和国家之间流动。资本的国际流动必然导致文化间的碰撞、冲突、交流和吸收。经济的强盛必然导致文化的繁荣，以经济为代表的文化将成为一种强大的文化。这样，文化强的国家的资本流向文化薄弱的国家，或者发达地区的资本流向落后地区。无论是一个文化强盛的国家，还是一个文化薄弱的国家，无论是经济发达的地区还是经济落后的地区，都会感受到资本流动和人口流动造成的不同文化之间的冲突。

科学技术的发展和跨国资本的流动导致了人类文化多样性的减少和不同文化之间差异的逐渐消失。以语言为例，世界语言的多样性正在逐渐减少，从过去的4000多种语言逐渐减少到目前的2000多种。从表面上看，随着现代科学技术的迅速发展，商品、贸易、技术、资本和生产的跨境交流和流通的加快和扩大，世界已经紧密相连，成为我们常说的"地球村"。一方面，由于各种文化的频繁接触、碰撞、交流、吸收和融合，民族文化正逐渐向全球文化过渡，即世界文化趋于"整合"。另一方面，世界文化是多元的，多元文化的存在是客观事实。面对这一矛盾，个人、群体和国家都感到困惑，导致了"多元化"与"一体化"之间的争论。多元文化课程正是在这种矛盾和混乱中产生的，是对这种争论的回应。

（三）移民的来源

多元文化课程的产生和发展在一定程度上是不同文化群体为维护自身利益而产生的冲突和妥协的结果。在这一过程中，这些弱势群体或边缘化群体为摆脱压迫而为自己的权利而斗争，并进行了长期和艰苦的斗争。同时，主流文化群体也在努力维护自己的利益。

19世纪末，由于移民的不间断，美国的民族关系呈现出非常复杂的特征：原住民和移民、新老移民、不同国家或地区的移民、合法移民和非法移民、不同宗教信仰的移民等。当关系交织在一起时，呈现出一幅复杂的图片。直到第一次世界大战，美国仍然充斥着同化主义的思想。例如，在学校教育中，美国学校的主要目标是让少数民族放弃他们的民族身份，接受盎格鲁-撒克逊人的价值观和行为。1917年和1924年，美国还颁布了两部移民法，其主要目的是限制除北欧和西欧以外的所有欧洲国家的移民人数。移民法的颁布标志着同化主义在美国社会的胜利，也显示出同化主义在当时的政治、经济和教育领域起着主导作用。然而，与此同时，一些教育工作者、作家和哲学家开始倡导多元化，文化多元化悄然出现。这导致了一系列种族冲突和争议,其中影响最大的有两件事。一个是对20世纪30年代国家教育政策的大讨论,另一个是第二次世界大战后震撼整个美国的种族冲突和骚乱。

关于国民教育的讨论主要针对当时的印第安人、非裔美国人和墨西哥裔美国人。后来,在其他少数群体的参与下,如意大利裔美国人和犹太裔美国人,讨论也讨论了这些群体的教育问题。虽然这场关于民族教育的大讨论在美国同化教育的表面上作出了一些妥协和让步,但它确实促使美国政府认真考虑民族文化的差异,重视多元文化教育的概念。但在20世纪40年代和50年代,正是种族冲突和骚乱震撼了美国社会。1943年,洛杉矶、纽约市、哈莱姆、底特律等地发生了种族骚乱。随后,墨西哥裔美国人和英美爆发了"军装"骚乱。这些种族冲突和紧张局势严重影响了美国的种族关系。在这方面,旨在减轻和消除族裔冲突并减少偏见和误解的民族融合教育运动已经出现,被称为"族群间教育运动"。

然而,民族间教育运动及其相关改革在教育领域并没有取得成功。究其原因,最重要的是同化主义教育思想仍然相当顽固。从20世纪初到60年代,它一直主导着美国社会的各个方面,代表着美国教育的主流。然而,民族间教育运动由于其温和的多元性,并没有对美国社会的同化主义思想提出挑战。尽管如此,它仍在一定程度上促进了社会和教育的改革,也为以后多元文化教育的产生和发展奠定了思想基础和舆论基础。

(三)多元文化教育在学校教育中的价值

多元文化教育是当今世界教育的热点问题之一。这不仅是一种强烈的理论思潮,也是一场深刻的实践变革。多元文化教育是建立在文化多元观念的基础上,以文化平等和社会民主为基础的。它的基本价值是:对世界集团负责,接受和欣赏文化差异,关心地球,尊重人的尊严和人权。多元文化教育在学校教育中的价值主要体现在以下几个方面。

第一,多元文化教育使一些学生群体在多元文化教育的影响下发生变化。

第二,多元文化教育符合所有学生的利益,并培训学生进入一个文化多样性的世界,以满足生活的实际需要。

第三,多元文化教育有助于学生更好地理解多元文化,在这一逻辑起点上,多元文化教育直接促进了学生理解多元文化的能力。

第四,多元文化教育有助于教师明确不同民族学生学习成绩的差异,这是教师更好地研究个体学习风格的主要原因,对学校教学的调整更有价值。

第五,多元文化教育可以使不同文化背景的学生凭自己的经验和感受,意识到他们可能遇到的障碍和危险,对多元文化教育的大量思想和观点持开放和关注的态度和看法，这是正确认识的态度和方法。

第六，多元文化教育可以培养学生的基本认知能力、批判性和反思能力、想象能力、独立判断能力等，促进学生道德素质的提高，如热爱真理、民主、人性化、关心全人类。培养学生的社交技能，提高他们对不同文化的适应能力，促进个人和个人的发展。

（四）多元文化教育的启示

多元文化教育从诞生之日起，就受到以极端多元化为核心，以同化主义为核心的保守主义者的严厉批评。可以说，多元文化主义是批评的必然结果，它挑战文化霸权，挑战社会权威，重视过去被忽视甚至压迫的文化，并将其纳入课程教学。从总体上看，西方多元文化教育的发展经历了三个基本阶段：单一民族研究阶段、多民族研究阶段和反种族教育主体阶段。在分析和总结西方多元文化教育的历史经验，回顾我国教育发展的今天，我们可以预见，多元文化教育的发展必将对我国的国民教育产生一定的影响，并从中得到许多有益的启示。

1. 多元文化教育是历史发展的必然结果

无论是从国际环境还是国内环境来看，多元文化教育都是历史发展的必然结果。从国际上看，20世纪50年代以来，科学技术的飞速发展对整个社会及其转型产生了深远的影响。此外，随着全球化的不断发展和深化，世界各国之间的交往不断扩大，相互依存日益增多，共同面临的问题也越来越多。不仅如此，在世界经济全球化和一体化继续发展的同时，各国之间也更加复杂和多样化。可以看出，随着世界一体化的发展，文化向多元化的方向发展，两者并驾齐驱。

从国内来看，中国是一个有56个民族的国家，自古以来就是一个统一的多民族国家。在地域、阶级、民族、语言、宗教等方面存在着文化多元化的现象。因此，我们必须面对并承认这一事实。要求把教育重新树立为团结的旗帜是不可能的，也是不明智的，通过制度化的教育和社会教育把各种价值观结合起来的想法是不可能的，也是不明智的。可以看出，多元文化教育的产生和发展是历史选择和历史发展的必然结果。

2. 我国少数民族教育应树立多元文化教育理念

多元文化教育发展对我国民族教育的最大启示是对我国少数民族教育观念的影响。长期以来，我国少数民族教育只是普通教育的一部分，其民族性一直被忽视。民族教育的探索虽然取得了一定的成就，但总体上看，我国民族教育的内容在本质上并没有体现不同民族文化的统一性和特殊性。具体而言，在课程设置上，少数民族倾向于与大陆共有同一学科，这是汉文化的主要传承者，并实行应试和高等教育。在双语教学方面，作为民族教育最具特色的民族教学理论仍然是空白。

更令人担忧的是，少数民族教育忽视了传统文化和人文教育的建设，而汉族的文化传统和思维方式制约着民族教育的发展。归根结底，这是因为我们的民族教育缺乏多元文化的概念。对于我国的少数民族来说，我们必须坚定地采取开放的态度，不应满足于法律规定的平等地位和特殊待遇。相反，应作出更大努力，克服经济和文化不平等。只有这样，才能真正体现我国社会的多元文化，使教育在民族融合和民族多样性的同时发展，最终形成国家层面的多元文化教育体系。

3.教师必须树立多元文化教育理念

学生对多元文化知识的学习和掌握在很大程度上关系到教师的教学。教师对民族多样性的态度是教育成功的关键。因此，教师应树立正确的教育态度，摒弃民族偏见，避免同化主义的影响。具体而言，教师应在以下几个方面做出努力。

努力掌握少数民族传统文化知识。教师只有充分了解少数民族的传统文化和传统习俗，才能有把握、有信心地融入教学过程中，才能真正实现与学生的情感交流。不仅如此，老师还深入了解每个学生的家庭背景、学习特点、个性和爱好，并及时给予帮助。

为了自我反省。教师应以身作则，经常检查教学过程中是否存在有意识的或无意识的民族偏见，从而导致学生的自卑、尴尬甚至痛苦。

教师应支持学校的工作，为学生提供改善自我形象的机会.首先，要让学生有机会了解自己的民族文化，在充分理解尊重民族文化传统的基础上，树立良好的民族认同。第二，让学生了解自己，充分认识自己的长处和弱点，树立自尊，尊重他人，学会客观评价自己和他人。

第二章　多元文化对英语教学的挑战

当今世界是一个文化多样性的时代，尊重地域文化和民族文化正在受到重视。由于社会转型期，各种文化思潮不断兴起，这些都会对教育产生一定的影响。多元文化的社会环境对学校教育有着直接的影响，它反映在学校环境的各个方面，使学校本身成为一个多元化的环境。如何在与各种文化因素的广泛接触中发展教育，以适应多元文化社会，是学校教育面临的一个重要问题。

第一节　一元文化课程的反思与批判

多元文化主义的兴起，引起了人们对单一文化课程的反思和批判。多元文化主义认为，当前的课程是一种单一文化课程，是一种主流文化课程，主要集中在优秀民族的文化、历史、习俗、价值观等方面。它往往忽视其他民族的需要，是课程中的一种文化霸权。女权主义认为，当前的课程是以男性为中心的课程，它将男性体验视为普遍和普遍的，摒弃了女性的历史、传统、思维方式和情感体验。显然是男性霸权主义的表现。因此，他们强烈要求改革现行的单一文化课程，开发一种新型的多元文化课程，以适应现代社会多元文化发展的趋势。多文化课程要求尊重和反映每个学生的民族和性别文化传统及其伴随的文化经验，以及所有族裔和性别群体的现实情况及其对社会发展的贡献。教科书是课程的核心部分，它不仅直接反映了课程的内容，而且间接地反映了课程设计中规定的学习活动方式。它是传播知识、传播价值观和意识形态的重要工具。因此，多元文化主义侧重于对现行教科书的分析和批判。

多元文化主义认为，单一文化课程不仅会给非主流文化群体带来心理挫折，而且会对主流文化群体产生负面影响。因为在单一文化指导下的课程往往会使主流文化群体错误地形成自己的优势感，从而失去了从其他文化群体的知识和思想中受益的机会。这也不利于自身文化观念的反思和发展，也不利于文化意识的高度提升。日本学者指出："客观地理解和理解自己的文化是困难的，要突破这一困难，最好的办法是与多元文化进行接触和交流，并更深入地理解它。"这样，自由就可以从自己的文化和价值观中获得。"费孝通先生还指出，人们必须先了解自己的文化，了解多元文化，才能在多元化的世界中建立自己的地位，与其他文化一起学习彼此的优势。共同努力建立公认的基本秩序。可见，在多元文化被广泛承认并成为社会发展的主流趋势的时代，单一文化课程的负面因素虽然历史悠久，影响深远，但其负面因素却越来越明显。它不仅不利于各种文化的交流和认同，而且加深和加深了非主流文化群体的偏见和偏见，成为引发不同文化群体冲突的重要因素。它不仅影响学生对群体角色和性别角色的认同和归属，而且还因为教科书没有真正反映学生的文化，使学生感到疏远和自卑，造成内部文化冲突，削弱学生的学习动机。从而极大地影响了学生的成就动机、学业成就和职业成就。这与全球化趋势背道而驰。

第二节 我国多元文化课程的目标

根据我国的社会背景和其他国家的多元文化课程目标，可以归纳出我国的多元文化课程目标。

一、了解世界文化的多样性，确立文化多元化的概念

世界是由不同的文化群体组成的。所有的文化都有自己的生产和发展背景，都有着不可剥夺的存在理由和不可替代的独特价值。由于现代生活的需要，不同文化群体之间的交流和接触越来越频繁。理解和尊重异质文化是避免文化冲突，实现平等交流与成功合作的必要条件。如果对异质文化的排斥和否定态度会导致交际中的文化冲突，就会给个体的成长和社会的发展带来不可弥补的损害。因此，学生应该形成开放的心态来对待世界，不害怕陌生的事物，不害怕陌生的面孔。

二、为学生提供系统学习异质文化的机会

学校教育应使学生有机会系统地学习异质文化（包括语言），培养学生对异质文化的尊重和深刻理解，并获得理解异质文化所需的基本技能。

这一目标所依据的假设是，对一种异质文化的深刻理解和积极态度可以使学生对其他异质文化产生共鸣，并且可以转移在这里获得的一些基本的跨文化学习技能，以帮助学生更好地了解其他异质文化。这样，我们就可以相互借鉴，使学生在有限的学习时间和有限的精力中，达到接受和尊重所有异质文化的根本目标。

这一目标的另一个理念是为学生评价自己的文化提供一个完整的、系统的参考系统。通过系统的研究，深入了解异质文化的形成和发展，深刻理解异质文化的内涵，这些都是民族文化反思中必须触及的方面。缺乏这样的学习必然会导致反思的不完整和评价的不公平。

语言既是交际的工具，也是特定文化的载体。

三、促进学生对自身文化的反思，培养学生的批判性思维

异质文化的研究为考察民族文化提供了良好的契机。要充分利用多元文化教育的这一优势，促进学生对自身文化的反思。激发学生从新的角度看待这些"当之无愧"的观念和现象，帮助学生发现文化现象背后隐藏的预设假设，引导学生在多元文化社会中反思自己的文化形态。树立自己的价值观、信念、行为等，树立个人的文化观。文化的繁荣只有在个人的独特性得到自由发展和充分尊重的情况下才能实现。

四、尊重和接受所有异质文化，承认文化多样性的价值

我们应该对许多文化有一个广泛的了解，扩大我们对人类的理解，发现共同的人性和追求更美好的生活，理解平等和正义的原则。将促进社会平等和发展作为社会各成员的责任，能够运用所掌握的方法和技能探索其他文化的形成和本质，始终以异质文化为镜像，剖析"自己的文化"，促进个体文化的不断成长；以开放的心态去认识世界，了解自己，从多个角度审视问题和观念，以此作为一种思维方式，找到文化多样性的价值所在，增强对文化平等的维护。

需要说明的是，多元文化教育是学校教育的组成部分，符合国家的教育目的；多元文化课程并不是学校的全部课程，它是以单一文化教育的存在为前提的。

没有现有的文化学习，文化学习就没有区别。此外，一个国家只有拥有并保持自己的独特性，才能在国际舞台上占据重要地位，为世界的发展作出自己的贡献。因此，在多元文化教育下，民族文化课程不能减少，而应该加强。了解自己和理解他人是一个相互促进的过程。在理解和尊重不同文化的过程中，多元文化教育也实现了对自己文化的更深层次的理解和发展。

课程模式必须反映具体课程设计的基本思想，对具体的课程设计具有重要的指导意义。因此，多元文化课程模式是多元文化课程发展的重要环节。

课程模式设计首先要协调社会、学生和知识三者之间的关系，这是课程设计中永恒的主题。在前面的讨论中，得出了这样一个结论，即以学生发展为中心平衡三者之间的关系，在课程模式设计中体现这一原则，以促进学生的发展为主线的课程模式设计。

其次，课程模式是以一定的课程目标为基础的，因此，它必须反映课程目标的愿景和要求。中国多元文化课程的目标包括两个部分：通过对其他文化的研究，促进对异质文化的理解和尊重；通过对民族文化的反思和批判，实现民族文化的发展和更新。

课程模式必须遵循学生身心发展的特点和需要，才能体现和实现促进学生身心发展的基本原则。从横向维度看，学生的发展必须经历掌握知识和形成技能的过程，能力、态度和情感的发展伴随着这一过程。作为多元文化学习过程中建立自身价值体系的一种独特的隐性要求，应在文化比较之后加以确立。从纵向上看，学生对民族文化和异质文化的理解逐渐加深，从经验到理性，从单一过渡到群体，从个体到整体。

初级阶段：从对个体差异的认识到对家庭的不同理解。在这一阶段，学生对多元文化的理解来自生活环境，还处于体验阶段。因此，在这个阶段，我们应该组织"以经验为中心"的课程，重点解决生活环境中令人费解的现象和事实，并促使他们重新思考他们认为理所当然的事实。并引导和帮助学生发展自己的观点，在传授知识的同时，也逐步培养学生的自我批评和自我批评能力，保持和激发学生的学习兴趣。

中间阶段：对社区和地区的不同看法，导致承认不同种族或族裔群体之间的差异。在这一阶段，经验提供的支离破碎和不完整的理解已经不能满足学生认知发展的需要。要深入探讨文化差异的形成，就必须对不同文化有一个全面、系统的认识。"有系统地获取往往远离高中学生环境的知识，需要对各种学科的学习有浓厚的兴趣"，因此，这一阶段应通过对两种文化的系统和全面的比较，提供一门跨学科的多元文化课程，并培养一些基本技能，如跨文化比较分析等，了解文化差异的形成，促使学生反思自己民族文化的形成。在对这两种文化进行冷静、理性的分析后，我们应树立自己的文化倾向或文化观，发展积极的自我概念，同时充分尊重与自己不同的观点和态度。

高级阶段：文化差异，包括家庭和性别、少数民族和种族，导致承认文化的国际性、文化多样性和所有民族的文化。在这一阶段，需要进一步培训和巩固通过参与和理解更多文化而获得的基本技能，并以同情的态度尊重和理解其他文化。

文化差异可以关注社会问题或事件的方式提供，课程呈现出不同的观点，甚至学生可以独立收集意见。在教师的帮助下，学生逐渐独立运用自己的基本技能。通过分析各种观点产生的原因，挖掘其潜在的假设，通过对各种观点、态度和信仰的广泛理解，找到人类文化的共性和追求，最终确立自己对社会问题或事件的立场和态度，甚至采取必要的行动。

课程的选择和组织始终遵循着学生多元文化观念发展的阶段性特征，其核心是培养学生的跨文化理解和探究能力。它在促进学生对异质文化的理解和尊重的同时，也促进了学生个性的发展和清晰自我概念的建立。只有掌握好未来社会学生的多元文化素质，才能实现民族与民族的平等尊重、友好合作、文化繁荣、繁荣。

值得注意的是，这三个阶段并不完全不同，因为学生的认知发展是连续的、整体的，而不是跳跃和局部的。因此，课程组织的三个阶段不是相互排斥的，而是相辅相成的。只有校长和中学是有区别的，即在某一阶段组织某种类型的课程，另外两种课程要协调。这样，才能充分发挥各类课程组织的优势，更好地促进学生多元文化素质的发展。

第三节　多元文化视野下课程的价值选择

由于多元文化影响的不断深化，单一的文化课程受到了前所未有的批评，但多元文化课程为当今世界的课程改革注入了新的活力，甚至为新课程改革提供了一条可供选择的路径。然而，多元文化课程也受到质疑。批评人士指出，过分强调文化特性的多元文化倾向于引起对自己民族文化的兴趣，而对于其他文化，则很容易采取孤立、漠不关心甚至排斥的态度。就一个社会而言，它可能导致各群体为了自己的权益而分裂和冲突；就国家而言，它可能煽动民族主义情绪，导致对持不同政见者的污名化甚至迫害。选择多元文化课程可能会对此产生负面影响。与此同时，我们确实进入了一个多元文化的时代，但由于文化类型的多样性和复杂性，文化积累比任何时候都更加丰富和深刻。多元文化课程是否有必要或有必要包括所有类型的文化，即使它们需要包括在内，但由于学生的学习负担和课程能力有限，现实世界的课程是否能够涵盖所有类型的文化？此外，非主流文化团体对多元文化课程有很多关注，即会否影响其他先进文化教育对子女接受更多文化教育的完整性？能否保证他们能够进入主流社会？正如美国学者F·沃尔特（F. Walter）指出的那样："没有受过文化教育的学生，当然会有一种疏离感和缺乏根源感。"但缺乏主流教育的学生将失去许多经济、政治和社会机会。因此，在多元文化课程背景下，必然存在价值选择问题，课程文化的价值选择必然影响课程发展的方向。

首先，必须有一个多元化的发展愿景。近年来，福山的历史终结论和亨廷顿的文明冲突论引起了人们的关注。福山站在西方中心主义的立场上，把西方社会模式作为一种普遍模式，把西方文明看作是最先进、最普遍的文明，最终得出了单一文化和普适文化的结论。亨廷顿认为，每个文明都有自己的价值，每个文明都有不同的价值观和信仰，最终得出了多元文化和相对文化的结论。可以得出结论,关于单一文化和多元文化的辩论将继续下去。但无论如何,通常用来描述文化统一的方法已不再适用于多样化和迅速变化的文化模式。在世界多元文化格局下,在人文世界中求同存异,新时期的文化交流变得越来越迫切。但同时,我们也不能把多元文化主义作为解决现实社会中课程问题的灵丹妙药,甚至对现存的问题也没有现成的解决办法。正是在复杂多变的世界格局和人类发展中,我们努力开拓文化理解的新视野,在多元文化视野中寻求文化意识。这就要求我们在文化的统一性和多样性之间的矛盾中保持适当的张力,即把对立的两极联系起来,相互补充,在文化的普遍性和特殊性以及共同性和个性之间保持微妙的平衡。因此,它不会陷入僵化的选择和破坏性的左右摆动之间,否则将是相互关联的两极。无论是价值观的普遍性,还是强调不同文化之间的平等和独立,它本身都反映了文化的两个方面,显然是过于情绪化而不能将它们对立起来。多元文化课程旨在分享不同文化的成就和贡献,并促进不同文化社区之间的有效沟通、相互理解、相互认同和相互尊重。

其次,应采取知识整合的方法。多元文化课程不是简单地添加各种文化内容的结果,而是通过一种综合的方法整合各种文化内容的互动。课程仍然是以人、物为主体的主流文化,但多元文化观应渗透到学校所有显性隐性课程中。课程内容应体现各民族的贡献,有助于学生全面了解非主流文化群体的文化、民族和性别特征,培养他们跨文化交际的知识和技能。在表达各民族的历史、文化、政治和社会地位时,应避免歧视性和陈规定型的语言、文字和插图,使所有学生都感到他们同等重要。在处理历史和当代重要的、有争议的社会问题时,我们试图以多元和开放的方式对这些问题进行分析和讨论。课程应考虑非主流文化群体学生的学习习惯、风格、认知和语言。另一方面,学生以自己的民族文化为基础,整合各种文化内容,进行批判性学习,从而获得自我发展。多样性总是包含了简化的优点,避免了它的缺点,退化和诽谤。学校受各种因素的制约,其自身极其复杂,它必须同时面对全民的教育需要,所以尝试用一个模式来规范和限制它,甚至是最好的模式,结果只会阻碍它的发展。整体课程是一个单一的封闭的、热衷于整体的统一的,即统一的目标、统一的要求、统一的内容、统一的时间、统一的形式、统一的评价标准。丰富多彩的教育实践失去了生命力,丰富多样的个性也失去了生命力。这种统一性和统一性符合工业化过程中标准化和一体化的要求。但现在工业化已发展到后工业化水平,标准化让位于个性,一体化让位于多样化。如果学校课程不能适应这些变化,向多样化的方向转变,仍然坚持统一的观点,必然会滞后于社会变革,不能满足学生多样化发展的需要。因此,一方面,学校课程应当调整或转变现有的课程结构,将多元文化内容有机地融入学校教育网络。另一方面,要通过选修课、核心课程和辅助模块对课程结构进行重新审视,在此基础上设计整体课程，为学生提供理解和接受不同民族文化的课程。培养他们在跨文化环境中的适应能力。

　　此外，坚持个性方向。多元文化课程必须克服现有的统一性，树立尊重个体、发展个性、培养自我责任意识的观念。人格的发展不是自由无序的，而是尊重每个人的个性，充分发挥和培养自己的个性，同时让每个学生真正了解自己的个性，在认识到自己的个性的同时，认识到他人的个性，尊重他人的个性。人格不仅是每个人的人格，也是每个家庭、学校、社区、企业、国家、文化和时代的人格。这些，人格不是不相关、孤立存在的，只有真正了解自己的人格，培育和发展它，并做好其应有的努力，才能更好地尊重和发挥他人的人格。个人尊严、个性、自由、自律、尽责等，是一个不可分割的统一、了解你的个性和他人的性格，以便更好地尊重和发挥他人的个性。这是贯穿个人、社会和国家各个方面的永恒哲学。这就要求建立一种新的课程实施形式，使知识的被动接受和灌输让位于适合个人特点的主动学习，教师的权威教学让位于交际教学，建立民主平等的师生关系，在"执政被治"的基础上转变师生关系；有效的民主管理，主要依靠的不是教师、管理者和官员，而是教师、学生、家长、专家、行政人员和相关社会团体等所有人员；加强教育改革，经常反思教育的目标、内容和方法，根据实际情况作出改变，保持进取、创新和更新的活力。为了满足所有人的基本学习需要，学校课程必须在多样性和个性化方面作出必要的选择。多样化和个性化是同一问题的两个方面。多元化是保证个性化在数量上的实现，个性化是促进质量多样化的发展。

第四节　多元文化社会中的英语教师角色

　　从文化生态学的角度看，在多元文化社会中，教育应具有多样性，教育应适应不同民族、不同层次人的需要。多元文化教育因其适应多元文化社会的特点而得到了长足的发展。多元文化教育起源于西方国家的一场民族教育运动。随着各民族"文化意识"的兴起，多元文化教育逐渐成为世界民族教育发展的一个概念。强调文化的异质性和多样性正在成为一种趋势。它的实质是试图克服人类所面临的文化狭隘、民族狭隘、区域和体制狭窄等困难。然而，多元文化教育并不局限于少数民族教育。多元文化教育源于对平等社会正义的追求。它包含的理念是，所有学生都应有平等的学习机会，而不论其性别、社会阶层、国籍或文化身份如何。显然，这种平等的学习机会不仅是入学机会的平等，而且是学术成功的平等机会。促进学校多元文化教育是一项全面的改革，课程和教材是核心，与学生有着密切的人际交往关系的教师起着关键作用。

　　只有具有多元文化教育观的教师才能发展适应多元文化社会的教育。与强调主流文化和知识的科学与真理教育不同，多元文化社会的教育应重视各群体亚文化的价值，以尊重和接受取代偏见、压抑和排斥。因此，教师不再是知识权威和真理传授者，教师被赋予了新的角色。因此，多元文化主义首先对教师提出了新的要求和挑战。

在新世纪，人们的信仰、价值观、宗教信仰、生活条件、理想和生活方式呈现出多变性、复杂性、多样性，充满矛盾和冲突。在这样的现实中，学生的生活成为一种偶然的体验，是不确定和不可预测的。教师与一群来自不同背景和经验的学生生活在一起。

一、教师是所有学生的关怀者

关注是人的一种基本能力，人与人之间的互动可以转化为一种行为模式。在教育环境中，关怀并不总是可见的，但它可以指导学校和教学中的沟通和组织。教师有责任照顾来自不同文化和语言背景的所有学生。他们应努力建立一个反映社会公平的教育制度，并将学生的学术、情感和社会需求置于教学的中心。

多元文化社会的教师应该有一种教育信念，即每个儿童都有内在的学习需要，应该培养来自各种语言和文化背景的学生的高成就动机。

不关心学生的老师不能培养关心他人的学生，而关心别人的老师却能改变学生的生活。当老师关心他们的学生，以友好的方式进行教学，并为学生设定具有挑战性的期望时，学生们就会做得最好。学生可以感受到成功的经历，在老师的关怀下，也孕育着成功。

关注也体现在教师对学生的期望上。根据学生的民族、性别、社会经济地位、语言、衣着、身体条件等方面的特点，教师对学业成绩有不同的期望。然而，这种期望并不因学生本身的成就潜力而异，而是倾向于主观的。学生被老师的期望所强化，并最终"如愿以偿"取得好成绩或差成绩。这是一个自我实现的预言效应，其中不正确的预期导致行为，使期望成为现实。少数民族学生、女学生、社会经济地位较低的学生、残疾学生和其他弱势群体往往受到教师较低的学习期望，处于"关爱"的边缘，难以培养较高的成就动机。这是教育中隐含的不平等现象。教师应该对所有学生都有很高的现实期望。高期望值是实现教育平等的必要先决条件。

二、教师是多元文化的理解者

在喧嚣的时代，单一的声音不再强烈，多元文化的意识正在逐渐觉醒，不同的文化背景蕴含着它所处环境的思想根源。多元文化社会中的教育应反映社会多样性和文化多样性的现实。它不仅保证教育机会均等，而且尊重各民族文化群体的民族文化属性和文化特征。为了实现这一目标，教师具有多元文化视野尤为重要。

教师与学生文化背景的差异往往导致师生之间的适应障碍和人际交往的误解，这也是造成弱势群体学生学习困难的主要原因之一。事实上，少数民族学生成绩的总体情况反映了少数民族在整个社会文化体系中对少数民族文化意义、学习机会和认知发展的接受、尊重或漠视和排斥。"对教学语言意义的误解"和"课堂文化差异"导致少数民族的教育失败。由于家庭语言和学校语言的差异，少数民族学生可能会遇到（cultural discontinuity）的认知贫困。同时，师生交往的差异也容易导致误解和冲突，导致对教师的负面评价，抑制学生的学习动机。这种以语言意义和交际形式存在的文化缺陷，是师生矛盾的主要根源之一。

如何激发学生的多元文化意识，培养学生的跨文化适应能力？最重要的是要求教师具备多元文化的经营能力。为了适应社会的多元化发展，教师应摒弃狭隘的文化认同，树立多元文化的视野，了解少数民族的文化传统和语言，认识文化间的差异。当教师遇到不同的学生群体和不同文化背景的社区文化时，如何理解不同的文化以及他们是否能够客观化自己的文化，是一种处理文化差异的能力。这种能力对于多元文化社会的教师来说是必要的。只有教师有能力理解和理解其他文化，倾听所有文化群体的需要，他们才能在教育中埋葬任何人，为平等学习提供一个环境。

在教学中，教师应注重学生的生活体验，在日常生活中直接学习，注重学生的思维、情感和认知的存在体验，使学生的知识真正融入有意义的活动过程。并通过教师和学生的互动理解、沟通和解释，逐步构建自己有意义的知识体系。

我们应该认识到，多元文化教育的理想，无论多么精彩，教师都是实现这一理想的第一要素，这不仅意味着教师应有正确的观念，而且要有相应的能力。多元文化教师应具有多元文化教育观，应从以下几个方面入手：

理解多元历史观。多元历史观是基于对世界观、世界遗产、不同民族（包括本民族）的贡献等的理解。教师的这些知识可以培养学生对多民族、多民族的历史和当代发展的认识，使学生能够掌握一种特定文化的基本价值观及其社会化方式。它不只是肤浅的食物，节日，英雄和历史事件。

培养文化意识。随着世界的"萎缩"，面对文化矛盾，促进文化间的相互理解是至关重要的。教师的文化意识应建立在概念意识（个体对已经具备的世界观的意识和意识）和跨文化意识（对不同的观念和行为以及他们之间的比较）的基础上。基于其他观点来看待自己的社会思维方式和其他意识）来理解这两个维度。文化意识的培养是一个渐进的过程。教师应选择合适的教材，及时检查自己的假设、评价、时空观念，以促进概念意识的健康发展。

反对种族主义、性别偏见和各种形式的歧视。重点是打破与性别和族裔群体有关的陈规定型观念,并强调人的基本相似性。在教学中,教师充分认识到这一点的价值,并培养道德思维技能,使他们的理解、态度和行为符合民主理想,如尊重、正义和平等机会。在我国中小学课程中,外语作为一种工具得到了充分的重视,但其他国家对历史文化的介绍相对薄弱,主要集中在世界历史、汉语和外语课程,就其影响而言。防止学生形成盲目排斥心理和自我防卫心理,比提高学生对世界文化的认识要好。

三、教师是本土知识的传授者

世界的多元化发展也使知识的多样性越来越明显,地方知识的价值也逐渐受到重视。土著知识是"土著人民在其长寿和发展过程中自己产生、享受和传播的知识体系"。它与土著人民的生存和发展环境,包括自然、社会和人类环境及其历史,以及土著人民共同的精神财富有着千丝万缕的联系,是曾经被忽视或压迫的土著人民独立和可持续发展的智力资源和力量源泉。"乡土知识是解决地方问题的一种真正有效的知识,几千年来形成的本土知识传统蕴含着真正的生存智慧,这是科学知识无法替代的,本土知识传统的重建是当地社会实现可持续发展和独立的重要条件,教育自然承担着这一责任。

学校教育应该培养热爱当地社会的人,但现实情况是,学生们从学校教育中得到了"地方社会落后,只有远离当地社会才能有出路"的观念。我国城乡二元对立使农村教育具有"城市导向"的目标。农村地域文化中蕴藏着丰富的教育资源,但当本土文化的价值被强大的外来文化淹没时,地方文化的价值却日益被外来文化所淹没。当地的文化价值已不能再有效地生存,并向他们表现出来,成为排斥的对象,或处于劣势的价值构成他们的自卑情结。

多元文化教育不仅要培养学生的国际意识和对外国文化的理解,而且要注重培养学生的本土意识。培养他们参与现代社会发展的能力,培养他们对当地社会的认识、接受和归属感,使他们既能吸收外国文化,又能继承和传播当地文化价值观。中国是一个由汉族主流文化主导的多民族国家,每个民族都有着独特的文化传统和地方知识。在我国,以少数民族教育为中心的多元文化教育以少数民族的生存和发展为中心。教师对地方知识的研究、开发和利用,将有利于一大批建设地方社会的人才。

从地方知识的角度出发,对教师素质提出了新的要求:教师要认识地方知识的价值和地方认知的途径,认识到地方知识对学生身心发展和社会可持续发展的重要意义。教师应比其他人更敏感地认识到土著知识的存在,更加注意保护、保护和发展土著知识的价值,并知道如何探索和研究学校所在社区的土著知识。教师要想成为地方知识的专家，就必须主动了解地方社会的历史发展、地理环境、生活方式、文化形态等方面，从而提高对地方社会的认识。

在教学过程中，教师应尊重学生在当地社会中获得的知识，而不是否定和贬低地方知识的价值。教师可以引导学生将本土知识与书本科学知识进行比较，了解其与当地社会环境的内在联系，培养学生将各种知识和认识论相结合的能力。创造一种新的认识方式和人的知识体系。

四、教师是多元文化教育环境的创设者

学校和教室的文化环境也可能给处境不利的学生造成学习障碍。学校作为一种社会化的制度，在目标、功能、课程、语言、管理等方面属于主流文化。如果教师忽视少数民族文化或不知道如何塑造多元文化的教育教学环境，那么少数民族学生往往会在"家庭、社区"和"学校"之间的文化差距中找到平衡点，造成适应上的困难。因此，教师应致力于创造一个多元文化的教育环境。

在多元文化教育环境中，关爱和文化共享的程度可以导致更高的成就。教师应在文化和语言方面创造积极的学习环境，以增强学生的成就感。教师和以教师为中心的课程只注重低水平的技能培训，不太可能产生高水平的成就。学校要成为激发学生学习的场所，就必须创造一个关爱的教育环境，教师是环境的重要创造者。当然，这就要求教师具备很多专业技能，但教师不能忘记，每个学生都是一个独特的个体。教师的消极眼神和消极话语对学生有很大的破坏力，而教师的积极的眼神和积极的话语则能使学生充满自信和成功。

首先，教师要与学生建立信任关系。师生之间的人际关系是影响学生学习成绩的主要原因之一。文化差异和教师偏见容易导致相互误解和疏远。这种疏离关系一旦形成，就会对弱势群体学生的自我概念产生负面影响，使学生感到孤立和沮丧。师生信任关系的建立可以消除文化差异带来的差距和不良期望。当教师和学生相互信任时，他们可以进行平等的对话。教师应以倾听的态度了解学生，并通过个人故事、家访、电话、信件等方式建立信任关系。学生体验教师的信任和信任，激发他们对自己的未来和发展充满信心。这种牢固的信任关系可以帮助学生培养健康的文化认同和更高的自我概念（学术自我概念）。

二是营造积极的家庭式氛围．教师致力于提供一个关怀和尊重的教育环境，以确保学生家庭的语言和文化。教师应充分了解学生的文化背景，不断寻找相关信息，并将其自然融入教学氛围和课程。只有教师是一个多元文化的人，才能了解学生的文化环境，了解学生的非语言行为和文化价值观。教师只有从不同的角度来理解文化，才能为每个学生提供适合自己的教学策略、激励模式和内容。教师不应取代它们，而应提取和利用学生入学前存在的概念系统。概念系统是通过语

言交流来开发的。教师应利用学生的母语发展现有的概念体系。因此，教师应在学校内营造良好的家庭氛围，使学生能够以母语学习，从而减少因文化差异而导致的适应困难。

五、教师是行动研究者

教师的专业发展要求教师成为研究者。教师成为研究者的途径有两种：一是教师利用研究者提出的解决方案来解决实际问题，以改进自己的教学，观念的转变先于教学策略的改变；第二，教师改变教学方法，针对一些实际问题，在解决问题的过程中进行自我监控和评价，期望教师在评价过程中对问题的初步认识得到修正和提高。多元文化教育的特点强调教师作为研究者的后一种方式，即行动研究。行动研究对改变社会和教育不平等有着巨大的影响。

行动研究强调实践工作者的参与，注重研究过程与实践工作者行动过程的整合。其实质是解放传统意义上研究过的人，让他们自己研究。行动研究是一种解放政治，任何研究都应帮助在特定社会或特定历史时期遭受意识形态和经济压迫的个人和群体，从他们的观点、愿望和理想出发进行研究。研究的民主化体现了多元文化对不同主体的尊重。行动研究的目的是解放实践者，提高他们的行动能力和素质，改变他们的实际情况。因此，研究应该从业者的日常生活和工作中进行。

在多元文化社会中，每个教师的具体情况和与学生的文化差异是不同的。教师应充分考虑学生的多元文化背景、学生的第二文化和社区文化。由于文化差异，教师的教学方法与学生的学习方式容易产生隔阂，容易导致学生学习失败的弱势教育情境。因此，教师应反思自己的教学方法，在教学中进行研究，努力改进教学活动，激发学生的学习兴趣，有效地提高学生的学习动机。

"计划、行动、观察和反思"行动研究进程的实施，旨在开发新的教学实践或改进课程的局限性。教师在行动研究的过程中，结合了研究、自我反思、实践等角色。作为一名行动研究者，教师的教学实践为他们自己的研究提供了一个具体的观察情境。多元文化教育中的教师应"在教学中学习，在研究中进行教学"。在多元文化教育和教学的背景下，教师面临着如何提高不同文化群体学生学习绩效的问题。每个学生都有自己独特的学习方式，教师的教学不仅要以此为基础，还要帮助学生找到自己独特的学习方法，这样才能更有效地学习。"如何提高学生的自我概念，如何促进不同文化背景下的学生合作学习，以及如何使教学适应学生的学习风格"都是教师教学行动研究的重点。此外，行动研究在课程领域的应用也是多元文化教师关注的焦点。课程是实现多元文化教育最有效的途径，课程行动研究将促进多元文化教育的课程创新。许多教师忽视了学生学业成绩低下的问题，认为历史、文化、文学、礼仪是多元文化教育的重点。然而，只有表现出孤立的文化因素，才会对学业成绩产生影响。教师应开设综合性的辅导课程，以满足学生的特殊需要，并向学生提供个别和特殊的反馈。校本课程的进一步开发，为教师参与课程开发和课程行动研究提供了很大的空间。当地社区的教师可以开发与当地知识相关的"特殊课程"或"课外活动"，以鼓励学生了解当地知识，热爱当地社会。

多元文化教育需要具有多元文化视野和操作能力的教师来帮助所有学生适应学校生活，培养他们的跨文化适应能力。然而，目前的教师教育还远远没有把培养多元文化教师问题提上议事日程。探索多元文化社会中教师角色的丰富内涵，对教师教育改革也具有启示意义。

1.更新栽培观念

长期以来，教师教育培养了熟悉主流文化传统和传播科学真理的教师，而不是具有多元文化视野、了解不同文化群体和尊重外国文化的教师。教师教育中多元文化的缺失，导致教师对多元文化教育漠不关心，认为多元文化教育是少数民族的历史文化内容，而没有意识到多元文化教育是一种理念。其目的是使所有学生都能平等地接受教育，并帮助处境不利的群体培养更积极的态度和文化价值观。究其原因之一，可以说是教师教育没有产生能够实施具体策略的多元文化教师。许多教师，特别是理科教师，认为他们与多元文化教育无关。这些教师不承认更高层次的哲学和认识论在科学或数学。

教师教育要更新观念，把培养具有多元文化教育理念的教师纳入培养目标。多元文化社会的合格教师不仅要具备扎实的教育专业素养和学科专长，还要具备基本的文化人类学素养和多元文化教育智力。教师教育必须帮助未来的教师更清楚地了解多元文化教育对各自学科领域和教学情况的重要性，并更好地了解和理解少数民族的文化和语言。培养学生正确理解文化差异，尊重多元文化态度，培养学生设计多元文化教学情境的能力。要实现这种培养目标，改革教师培训课程是关键。

2.建构多元文化视野的课程

教师培训课程一般包括基础课程、教育课程和学科课程。目前，我国教师培训基础课程和教育专业课程中涉及人类学或多元文化主义的学科较少。教师教育课程侧重于培养教师良好的教学能力，而文化差异问题则较少。它忽视了教师正确处理多元文化教育情境的能力。在多元文化环境下，接受这类培训的教师往往缺乏足够的知识来解释学生的中学文化，可能缺乏建立师生关系的正确态度。缺乏专业智慧需要解决文化差异、矛盾和冲突。在美国的许多教育学院和系中，都提供多元文化教育课程。在华盛顿大学、印第安纳大学和其他学校，师范生必须学习一个或多个多元文化教育课程，才能达到资格标准。

为了适应社会的多元化发展，教师教育课程改革可以考虑以下几点：

首先，教师培训的基础课程包括人类学、文化人类学或少数民族历史文化。本课程旨在为师范生对不同文化和关系的基本理解奠定基础。还可以在基础课程中开设关于少数民族音乐、美术和其他形式艺术的选修课，以提高学生对不同民族生活文化的了解。

第二，在教育课程中增加"多元文化教育"课程的目的是发展未来教师的多元文化主义，促进他们对如何面对文化多样性的理解和学习，以及理解和接受不同文化之间的差异。加强教育研究方法，特别是民族志研究和行动研究课程的探索和培训，提高未来教师对学生中学文化、师生关系和课堂氛围的观察和理解，帮助教师培养处理文化差异的能力。

第三，在教育实践方面，要增加在多元文化学校学习和实践的机会，增强师专学生对未来多元文化教育的适应性。

尽管有上述建议，但仍有许多问题有待落实，特别是缺乏教师和教材。在多元文化教育中培养未来教师的专业能力也是一个没完没了的过程。我国是一个多民族、多文化的国家，在当前形势下如何发展我国的多元文化教育显得尤为必要和迫切，教师应在传统角色的基础上丰富多元文化教师的形象。

第三章 多元文化与当代英语教学

语言与文化有着千丝万缕的联系，任何一种语言都蕴含着丰富的文化内涵，小到每一个层面的话语都反映了文化的内涵，没有语言文化是难以生存的。这两种文化之间往往有许多不同之处。如果我们不理解文化差异，把我国的文化内涵运用到外语交际中，往往会严重影响理解和表达的准确性。因此，学习语言离不开语言所承载的文化。英语教学要适应多元文化的需要，不仅要传授语言知识，还要传授英语背后的文化，让学生了解一个国家的文化和社会。让学生了解各民族之间的文化差异。只有这样，外语人才能与不同社会背景、不同文化背景、不同政治体制的人相处，才能学会在多元化的世界中生存和发展。

第一节 文化差异与英语教学

外语教学的基本目的是实现跨文化交际，即与不同背景的人进行交流。因此，外语教学除了传授语言知识外，更重要的是培养学生的交际能力和运用外语进行跨文化交际的能力。不同的民族有着不同的社会历史背景，不同民族之间存在着文化差异。如果学生缺乏对文化差异的理解，即使他们的综合语言能力很强，跨文化理解仍然会很差，缺乏社交技能。因此，不同语言知识的教学应该有针对性地传授相关的文化背景知识，主要针对两种文化之间的差异。从这个角度看，文化差异应该是外语教学的重要组成部分。

一、英语教学中的文化差异

语言、文化和社会是一个不可分割的整体，应体现在教学大纲、教材、课堂教学、语言测试等方面。然而，在应试教育的指挥棒下，中国学生只要掌握了词汇和语法知识，大部分时间都花在考试上，对英语国家的文化缺乏了解，而且在跨文化交流中经常遇到问题，就可以阅读。因此，我国英语教育应重视文化差异教授，在教学中正确认识和处理语言文化的丰富内涵，在教学实践中引入一定的文化背景知识。为了更好地培养学生的跨文化交际能力。中国英语教学中的文化差异主要体现在以下几个方面。

（一）英汉词语的文化差异

语言失误很容易得到他人的理解，但语用失误和文化误解往往会导致摩擦甚至交际失败。为了避免因文化差异而导致的交际失败，教师必须向学生传授英语的基本知识、英语的文化背景，并对中西文化差异进行比较。从而使学生能够对主要英语国家的社会文化知识和习俗有一定的了解，拓宽视野，拓宽知识，提高对文化差异的敏感性，提高英语理解能力。培养学生的使用能力。语言是语言的基础，中西方文化的差异也可以在同一次会议上得到反映。因此，在英语教学中，英语教师应向学生传授英汉词汇的文化差异。

我国传统的英语教学往往重视同调、基本语法、语音和语调的教学，只注重语言知识的教学，认为掌握语言基础知识，就能掌握英语语言。你可以用英语交流。然而，在教学中，语言所蕴含的文化背景知识的重要作用却被忽视，导致学生掌握了大量的词汇，掌握了良好的语法知识。然而，这句话往往看起来是准确的和误用的。也就是说，学生具有良好的语言基础知识，但由于对语言的文化背景缺乏理解，他们往往缺乏在不同情况下正确使用语言的能力，缺乏跨文化交际能力。由于对英语交流的文化内涵缺乏认识，学生在听、说、读、写方面受到限制。例如，一些学生在阅读一篇文章时不理解句子的含义，因为他们不了解西方文化的背景。文章作者的思维活动和思维活动有很大的区别。尤其是，当涉及不熟悉或与外国文化背景相关的材料时，阅读就更加困难了。

英语国家的文化背景与我国有很大的不同。词义作为语言的基本和重要组成部分，其产生、发展、丰富和演变与其社会、历史和文化背景密不可分。因此，对通辉的理解涉及英语国家的文化背景.如果缺乏这方面的知识，文化差异就会被忽视，文化上的错误就会产生，从而导致沟通上的误解和失败。

我们是大陆民族，英国是航海民族，这种地理位置的差异会造成语言的差异。例如，我们中国人用"进退维谷"表示处境困难，而英国人使用 between the devil and sea。表达方式不一，含义相同。由于西方文化的宗教观念较强，英语中一些习语被赋予了宗教色彩，例如 poor as a church mouse（一贫如洗）。只有了解在西方教堂没有供品，教堂里的老鼠沾不到一点油水这一点知识才能理解"穷得像教堂里的一只老鼠"。

中西两种文化在词语方面的差异在动物、颜色、植物方面表现尤为明确。

第一，在动物方面，例如，drink like a fish（牛饮），black sheep（害群之马），as strong as a horse（体壮如牛），lion in the way（拦路虎），as brave as a lion（勇猛如狮），a rat in a hole（瓮中之鳖），as timid as a rabbit/hare（胆小如鼠），as hungry as a bear（饿得像狼），like a donkey on a lion's hide（狐假虎威）。

第二，在颜色方面，英汉往往使用不同的颜色词表达同一意思。如表示"嫉妒"一义，英语中常用 green，如常说 green-eyed，而中国人则用"红眼"或"眼红"来表达这一意义。又如，These are green hands（这些是新手）。

第三，在植物方面，中西方也有很大差异。例如，松树在中国文化中代表长寿之意或坚韧、挺拔的性格，还可以用来比喻志行高洁的君子；pine 在英文中却是"消瘦、悲痛、惨痛、"的含义。同样，英语中表示"坚贞"之义的植物 oak 是在汉语中不能引起任何联想意义的橡树，讲英语的人们会说：as strong as an oak（像橡树一样坚韧）。柏树在汉语中如松树一样象征高尚、坚贞，"岁寒松柏"比喻在乱世磨难中坚贞不屈的仁人志士；而 cypress 在英语中则表示哀悼。柳树在汉语中常被用来表达忧伤离别之情，而英语中的 willow 有着与汉语不同的联想意义，大多指失恋或死亡。最典型的例子就是英语习语 wear the willow，指的是"服丧；戴孝""悼念爱人的死；痛失所爱的人"或"被情人遗弃，失恋闺中"。英语中象征着纯洁、美好的单词是 lily，人们把容貌漂亮、皮肤白皙的姑娘称为"a white lily"。

当然英汉词语的差异远远不止以上这些。如"雨后春笋"与 spring up like mushrooms，"多如牛毛"与 as plentiful as blackberries，"挥金如土"与 spend money like water 等。

从这一点我们可以看出，汉语和英语单词之间存在着很大的差异。如果学生不知道英语单词的含意，不了解中西方文化的差异，仅仅照搬单词的意思，他们就不能真正掌握英语。达到文化交流的目的。在英语教学中，教师不仅要重视听、说、读、写四个要素，还要比较和比较词汇的文化背景，指出文化差异，让学生尽可能多地了解英语的文化背景。提高学生对文化差异的敏感性，提高对词汇的理解，提高学生的英语实际交际能力。

（二）英汉语法的文化差异

英语和汉语在语法上有一些相似之处，英语和汉语也有很大的差异。

第一，汉语词汇形式在严格意义上基本没有曲折的变化，主要是通过语序和虚词来表达各种语法关系。英语是一个语音字符，词汇的形态变化较大。例如，名词的单数和复数，代词的主格和宾语格形式，动词同一性的时态变化等。英语和汉语的这种差异很容易给中国的英语学习者带来困难，特别是对于中国的初学者来说，在使用英语时很容易忘记词汇形态的变化。

第二，英语中的合成和从句，常以语言形式（如关联词）来表达。所谓"形合"是指词与词、句与句的结合，主要是通过形态变化、关系词、连接词等主导手段。英语作为句法语言，在造句时注重形式联系，连接的手段和形式非常丰富，包括介词、连词、相关代词、相关副词、连接代词、连接副词等。形合的特点使英语句子以形式和形式主导意义。汉语意合，主要是用语序来表达词之间的关系和逻辑关系，即按照事件的顺序和事件的内外顺序排列句子。意指词与词、句与句的结合主要取决于语义关系和联想。这种组合的外部形态上没有明显的符号，交际双方都根据语境和语感对句子进行了正确的解读。汉语具有非常明显的意合特征，连词集中于句子连贯的思想，不求结构完整，句子以上帝的形式出现，散落自如。由于中国人的长期思维习惯，汉语在谓语前后形成了主语的表达顺序。定语、状语等修饰语遵循修饰语之前的修饰语顺序规则。此外，汉语中的词类没有严格的分类标准，也没有必要对汉字的词性进行记忆。例如，"H you don't go, I won't go either."英语句子中使用了连词，而相对应的汉语连词"如果"则可以不用，直接说"你不去，我也不去。"在口语和非正式的语体中，中国人很少使用连词，所以汉语为母语的人在英语中经常不使用连词，也很少使用连词。相反，根据中国的风俗，他们只列出了一系列简单的句子。从而导致句子错误。

第三，英汉两种语言在静态（stative）和动态（dynamic）上存在一定的差异。东方的人文文化追求稳定与安宁，西方的科学文化追求运动与变化。因此，英语叙事是静态的，在叙述中倾向于使用同名，而汉语叙事则是动态的，倾向于使用多动词。例如说："He is a good eater and a good sleeper"在这个句子中，只使用两个名词，食客和睡眠者，相应的汉语应该是"他可以吃和睡"。这方面的差异使中国学生感到非常不舒服。

（三）英汉结构的文化差异

由于中英思维习惯的差异，英汉两种语言在结构上存在一定的差异。在英语教学中，教师应注意英汉语言结构的比较。结构上的差异主要表现在信息内容的排列顺序、表达中各个环节之间的关系、语篇发展趋势等方面。

例如，英语和汉语在时间顺序和方位上存在差异。汉语中时间和位置的表达顺序从大到小，英语往往从小到大。

二、中西文化差异对英语教学的影响

语言与文化密不可分，语言具有丰富的文化内涵。文化知识是由一个国家和一个民族建立起来的。如果你不自觉地、有目的地学习，就很难理解和掌握。在英语学习中，存在着许多跨文化交际因素，这些因素对英语的学习和使用有很大的影响。因此，在传授英语基础知识的同时，也是教师传授背景文化知识、培养文化意识和世界意识的重要任务。

（一）激发学生对文化差异的兴趣

无论一个人做什么，只有当他感兴趣的时候，他才会发挥自己的主动性，探索更好的方法，更有可能成功。学习英语也是如此。因此，培养学生学习文化差异的兴趣是英语教学的一个重要方面。只有不断改进教学方法，增加新的教学内容，通过教学过程取乐，才能激发学生的学习兴趣，激发学生的学习积极性。

通过教学方法的比较、教学内容的比较和学生学习文化差异兴趣的培养，教师可以提高学生学习文化差异的兴趣。介绍文化背景、比较文化差异的最佳途径是通过语言来看待文化，通过学习语言材料来理解民族文化的意义。这样，教师就可以使生动活泼、生动活泼的词语、语法等枯燥的解释变得生动，使学生不仅能够学习英语语言知识，还能在生动活泼的氛围中领略英语民族文化。更重要的是，它可以激发学生对文化差异的兴趣。

教师是教学的领导者，学生是教学的主体，在教学中处于中心地位，教师传授的知识为学生所理解、吸收，学生的跨文化交际能力主要取决于实践的培养。"如果没有办法教法律，那是正确的做法。"英语教师应根据教学内容和学生的特点，采用灵活的教学方法和教学方法，培养学生学习文化知识的兴趣，帮助学生树立持久的学习态度。在培养学生学习兴趣的同时，教师应帮助学生养成良好的学习习惯，即教学生如何学习。如果学生只拿着一本教科书，整天死记硬背，就很难有实用的英语交际能力。教师必须结合具体教学对象的学习实践，在教学中采用有效的教学方法。英语是一种工具，英语学习是一个漫长的过程，文化信息需要积累，只有通过坚持不懈的学习和大量的实践训练才能活用。培养跨文化交际能力，掌握英语。

英语教学应将语言知识的解释与文化背景知识的导入、中英文化差异的比较相结合，充分发挥文化背景在教学中的积极作用，培养学生对文化差异的敏感性。

（二）培养学生的跨文化意识。

跨文化意识是指学生在语言交际过程中对外国文化与中国文化的异同的敏感性，以及他们根据外国文化调整语言行为的意识。跨文化意识在现代跨文化交际中起着非常重要的作用。跨文化意识的缺失往往导致跨文化交际的失败。特别值得注意的是，在跨文化交际中，语言中的错误往往容易被他人理解，但文化差异所造成的错误比语言性质的错误更为严重，很难得到他人的理解。文化知识教学的目的是培养学生的跨文化意识，使学生能够根据自己的英语文化习惯用英语进行交流。如果忽视或轻视跨文化意识的培养，只会传授纯粹的语言知识，如语音、语法规则、词汇等，从而影响学生的语用能力，使学生不能正确地运用英语进行交际。不符合讲英语社会的文化习俗。

由于跨文化意识的重要性，教师在教学过程中必须注意培养学生的跨文化意识。在英语教学中，为了培养和提高学生对中英文化差异的敏感性，培养学生的跨文化意识，教师应充分利用现代教学方法，介绍英语国家的文化背景。让学生最大限度地获取一些本土的英美文化信息。

对跨文化的敏感性主要来自两方面。一种是直接的途径，即通过在外国文化中生活和体验的方式获取文化信息，培养对外来文化的敏感性。对我们国内的学生来说，这显然是不可能的。因此，我国英语教师可以采取另一种方式来培养学生的跨文化意识，即间接法。有许多间接的方法，包括课堂学习，课外阅读，听英美广播，看一些英语形象材料等。但毕竟，英语课堂教学也有一定的局限性。因此，课外学习活动是培养学生跨文化意识的良好途径。教师应鼓励和引导学生开展各种课外学习活动.特别是要运用先进的现代教学方法，加强学生的语言听说训练，引导学生在英语学习中引入一些英语文化背景知识。教师应鼓励学生观看英语影片。以英语为母语的原版英语影片具有浓厚的英语文化气息，因此，通过观看英语原版影片来提高文化差异的敏感性，是一种非常有效的手段。对于缺乏英语语言环境的中国英语学习者来说，最大的困难是他们从教科书中学到的英语知识往往与现实生活中的语用现实脱节，而观看英语视频不仅可以扩大词汇量。提高听说能力，还学习了大量的文化知识，而在动态的视频场景中，他们往往使外国文化更容易理解，更令人印象深刻。

此外，值得注意的是，在培养学生的跨文化意识时，不能忽视其中一个，只注重向学生传授外国文化，忽视本国的文化教育，否则会造成严重的后果。

(三) 提高学生的跨文化意识

通过文化差异的比较，学生形成了潜在的心理反应能力。这种能力是通过语言载体对英语所反映的文化内容的全面理解，通常被称为文化感知能力。

在英语教学中，教师应注意介绍英语国家的文化背景，使学生了解英美文化，并比较英汉文化的差异。让学生了解不同的语言和语言背后的不同文化，学会在适当的情况下用恰当的英语表达自己的观点，从而培养和提高学生在跨文化语境中正确使用英语的能力。

为了提高学生的跨文化意识，教师应引导学生接触和理解文化差异。教师可以在课堂上教授文化知识。英语国家在生活方式、行为规范、价值观、历史与地理、文化艺术、民俗、传统习俗等方面存在着大量的对话与文本。教师应该帮助学生注意这些文化知识。提高学生对英语国家文化的认识。外语教师也可以通过课外活动教学生学习西方文化。例如，引导学生多读英语报刊，多听英语广播，多看原创影视素材，广泛接触并逐步丰富文化背景知识。我们还可以指导学生开展英语角、英语晚会、专题讲座等课外活动，以便学生在不断接触英语文化的环境中比较中英文化的差异，培养跨文化意识，增强跨文化意识。学生通过提高跨文化意识，很容易理解文化交流上的差异，例如，当他们看到红茶时，他们立即明白这是中国人经常喝的"红茶"。

总之，只有充分挖掘教学中的文化内涵，引导学生在课后了解英语文化知识，才能认识到中西文化的差异，实现世界文化的多样性，提高跨文化理解能力。最后，形成了较强的跨文化交际能力。

（四）提高学生跨文化交际能力

不同的语言有不同的交际模式，每种语言都有自己独特的交际模式。我们在学习英语时，不仅要掌握基本的语言知识，还要熟悉文化差异，遵循英语的交际方式。如果学生不了解英语的交际方式，即使他们掌握了丰富的英语基础知识，他们也就没有能力用英语进行实际的交流，也无法正确地进行跨文化交际。

汉语的交际模式与英语的交际模式有很大区别。例如，中国人见面打招呼，首先会问"吃饭了吗？"分手时会说"慢走"等。如果把这种交际模式用在英语中，英美人士会感到很吃惊。英美人士打招呼通常是"Hello!""Good morning!"等。因此，"吃饭了吗"等这一类在汉语中表示亲热、问候的客套话，往往会使英美人觉得困惑。所以，在英语教学中，教师应该就汉语交际模式与英语交际模式存在的差异给予说明，时常提醒学生注意英语国家所特有的交际文化模式。再如，在汉语中，我们往往可以用"老师、书记、经理、工程师"等表示职位的词与姓氏连用作称呼语，但是在英语中却不能这样用。

从培养学生交际能力的角度看，英语教学不仅包括简单的语言教学，而且还包括拓宽学生的视野，了解英语国家的文化和社会习俗。总之，在英语教学中，教师不仅要引进外国文化，还要比较外国文化和中国文化，这样学生才能理解中英文化的差异。此外，教师还可以让学生阅读英语文学、报纸和杂志，观看原创电影、视频、戏剧等，了解英语国家的文化，并接受英语文化环境的渗透。为了丰富学生的社会文化知识，提高对英汉文化差异的敏感性，我们可以微妙地感受到英汉文化的差异。通过举办英语辩论比赛、个人活动（口语、听力、阅读、写作、演讲、表演）或综合比赛，也可以提高学生的交际能力。

三、英语教学中的文化差异教学

语言与文化的关系是不可分割的。语言是文化的一部分，是文化的载体，是人们学习文化的主要工具，人们在学习和使用语言的过程中获得了整个文化。由于东西方社会是在不同的文化基础上形成和发展起来的，人们的思想、信仰、习俗等都有不同程度的发展。当我们学习一门外语时，我们不可避免地会接触到这些差异。如果不了解英语的文化背景，就不可能正确地理解和使用一门外语。为了培养学生对语言材料的全面理解和跨文化交际能力，教师应重视文化知识的教学。由于东西方文化差异巨大，文化知识教学在我国英语教学中尤为重要。

英语教学中，教师可以在习俗文化、思维文化、心态文化、历史文化、体态文化等五个方面的内容加以比较传授。

（一）习俗文化

习俗文化又称语用文化，它与日常生活和社会活动中的社会风俗习惯密切相关。以下是中英两国风俗习惯的一些共同文化差异。

1.称谓与称呼

在称谓和称谓问题上，英汉文化差异明显。在中国文化中，称谓是分析性的，而在英语文化中，称谓是模糊和笼统的。

中国人重视家庭，认为血浓于水。在称呼人时，他们总是被认为是小人物，年轻人必须尊重老人和老人，这很可能与社会道德和道德有关。在英国文化中，亲属的称谓是以家庭为中心的，一代人是称谓的一部分，只有男性和女性被区分，配偶之间的性别差异被忽视，从而实现了男女平等。

中国人在家庭成员和亲戚之间，称呼十分具体、明确，如中文的"爷爷、奶奶、外公、外婆"将父母两边的祖辈分得明明白白，英文中的grandfather, grandmother用来兼指父系和母系两边的老辈人；称呼父母的同辈中，中文包括"伯伯、叔叔、姑父、姨父、舅舅"等和"伯母、婶娘、姑妈、姨妈、舅妈"等，而英文则统一是uncle和aunt。并且在英语文化中，在一个家庭内，子女直呼父母的名字是得体、亲切的，而在汉语文化中这是无论如何不能接受的。

另外，受传统文化的影响，汉语文化中表示敬称的词语很多，如称他人的父母为"令尊"，而英语中敬语谦称较少。英语文化中最简单、最普通的是"您"（英语只有一个you），英语中的Your Majesty和Your Excellency非常人能用，Lord与Sir也是受封或世袭制的。

2.赞美和感谢

谦虚谨慎是中国人的传统美德，因此当别人称赞或恭维自己时，中国人总是推辞谦让。比如当别人说"您的英语讲得真好！"时，中国人往往会说："哪里哪里，你过奖了。""我还差得远呢！"。而在西方文化中，当某人受到赞扬或者恭维时，会很高兴地说一句"Thank you!"表现出一种自强自信的信念。

在致谢方面，汉文化与英语文化基本是相同的。但是，中国人使用致谢语的频率远不及英美人那么频繁。由于中国推崇互相帮助的文化及乐于助人的美德，因此，只有别人提供了重要而有效的帮助时才会致谢，并且在关系亲密的人之间，尤其是家庭成员之间几乎不用道谢，否则显得"生疏""见外"甚至"虚伪"；而在英语文化中，无论是家庭成员之间，还是上下级、上下辈之间，道谢是非常常见的事，甚至是诸如端茶递水的小事，也习惯说："Thank you"。作为对别人致谢的回应，中国人往往会表示"这是自己应该做的。"但是英美人则往往会表示"我很乐意。"甚至会说"Thank you."实际上，Thank you在西方文化中已经超出了致谢的范围，而已经成为一种习惯。

3.问候与寒暄

中国人见面时喜欢问对方的年龄、收入、家庭等，比如"你多大年纪啦？""在哪个单位工作？""结婚了吗？"等；而西方人往往认为这些纯属个人私事，不能随便问。中国人打招呼时一般也都以对方的处境或动向为关注点进行发问，如"吃饭了吗？""啊，老王，你早。""你到哪里去？"等，这些寒暄的句子本身无任何特别意义，只适用于寒暄、引出话题而已，相当于英语中问及天气情况的寒暄语句一样。可是这些寒暄用语在英语文化中就可能引起误解乃至反感。

在西方文化中，年龄、工作单位、婚姻、收入、住址等都是个人隐私，别人不能随便问。因此，他们见面打招呼时，不涉及实质性内容。他们通常说些纯粹是礼貌的话。

4.送礼和收礼

汉语和英语在送礼和接受礼物方面也有一些不同。

中国人的礼物往往看重金钱的价值和价值来判断礼物的价值，所以礼物往往是有价值的。在购物中心或送礼者家中珍藏的物品中，往往会仔细挑选礼物。另一方面，西方人更重视礼物的人文价值，用内心的友谊和真诚来衡量礼物的价值。他们看重的不是礼物的价值、生产水平，而是送礼者的思想。礼物可以从购物中心购买，也可以由送礼者手工制作，如圣诞卡和生日贺卡。有时，制作不当甚至是原始的礼物仍然会受到礼品接受者的喜爱，因为西方人看重礼物的新奇之处，因为礼物的赠送者是精心构思的。

在接受礼物时，由于中国注重礼节、礼节和礼节的传统，接受礼物往往是非常礼貌的。"对不起，"他说。"为什么，你拿礼物干什么？"等，等候此外，当中国人收到礼物时，他们认为在送礼人面前打开礼物是不礼貌和尴尬的，所以他们通常把礼物放在一边，确保客人在打开礼物之前离开。西方人收到礼物时，通常会当着送礼人的面把礼物拆开，说"非常漂亮，谢谢！"谢谢你的礼物。"表示赞扬、感激等。

此外，英汉文化在礼品选择上也存在着很大的差异。鲜花是英国文化中最常见的礼物。无论是被邀请去朋友家吃饭，还是去看病人，人们都习惯买一束鲜花作为礼物。当然，送花是不一样的，但也有讲究的，什么样的花需要根据对象、场合而定。葡萄酒在西方文化中也是一种常见的礼物，人们在参加家庭宴会时经常把葡萄酒当作礼物，但它也不同于中国人必须是葡萄酒，但一种普通的葡萄酒也可以。当然，有时候你可以给点别的东西。在汉族文化中，无论是生日聚会、看望病人、拜访朋友还是吃饭，人们通常都会用金钱、水果、补品和玩具作为礼物。

5.欢迎和告别

英国和中国的文化也有很大的不同的方式，他们的问候和说再见的客人和他们使用的语言。

中国是一个礼仪之邦，特别注重礼仪。在更正式的场合，如婚礼，中国人通常会外出欢迎远方的人们。当他们第一次见到客人时，他们通常会握手或鞠躬，在更庄重的场合，他们会向更尊贵的客人鞠躬。有时，一只手被伸出，紧握在另一边，以表达深深的爱意。最常见的欢迎问候是"欢迎！""欢迎！"和"你不舒服吗？""见到你真是太高兴了，""你的到来真是让我的家蓬荜生辉"等等也是一种常见的问候。英国和美国，除了在外交场合，通常不会走得太远，欢迎人们的习惯。而英国人和美国人对客人的问候不那么多，一般的问候语是"你好吗？"或"很高兴见到你。"握手仪式也常用于英国和美国的行李，在庄严的场合拥抱或亲吻脸颊是很常见的。

在道别方面，中英两国文化既有相同点，也有差异。首先，在中英文化中有不同的告别方式。当中国人说再见时，他们习惯于把客人送到他们的家、楼下的门、庭院门或道路上，甚至是汽车上。在英国文化中，当客人想说再见时，说"天晚了"然后站起来和主人道别是不礼貌的。通常需要几分钟来暗示或委婉地说再见，以便在离开前得到主人的同意。在这方面，英语和中国文化是相互联系的。其次，在告别词方面，中国文化通常使用"再见"，这与英语文化中的告别语言基本相同。例如，当我们说再见时，"做得好，照顾好路，请保重"等等，这几乎等同于英国人的保重等等。如果主人出去送行，客人通常会对主人说："请站好一步"，主人最后想说："走好""走慢""再来"等等。然而，这些礼貌的话不符合英美人民的习惯。

6.节日习俗

节日是一年中具有特殊社会文化意义和日常生活的日子。它们集中展示了人们丰富多彩的生活。它是对各个地区、民族和国家的政治、经济、文化和宗教现象的总结和延伸。

中西方的不同观念和传统文化也体现在各自的节日中。西方传统节日具有强烈的神性宗教和文化特征，而中国传统节日具有强烈的世俗性和普遍神性。西方传统节日大多与基督教有关，如主要的西方节日圣诞节、耶稣受难节、复活节、提升节等。围绕着耶稣的宗教庆典。基督教的上帝是世界万物的创造者。他是一个寻求精神净化、精神升华、灵魂家园和终极人文关怀的精神偶像。他不允许人们崇拜其他的神和偶像。人类尘世生活的祝福、死亡、富人和穷人都是上帝赐予的，而不是后天的。中国传统的神明，大多是为人们追求世俗利益时的自然崇拜神明。中国传统节日提倡神与人之间的协调与平衡，如七夕节，希望天地之美；中秋节观天月，天地重聚；重阳节登高，远望，秋高气爽，天人合一。

西方节日注重表达感恩，追求精神愉悦，而中国传统节日则继承了伦理道德。西方主流文化植根于基督教，普遍接受传统的"原罪论"。西方传统节日突出了对上帝及其儿子的无限感激，并借助节日的帮助表达了感激之情。中国传统节日包括"祭祖""寻根""孝顺""团圆""开拓未来"等元素，如清明祭祖、端午节尊贤、重阳敬老、中秋节团圆等。

两国的传统节日主要以游戏为主题，许多节日中相应的节日食品很少，而中国的传统节日主要以饮食为主，许多节日也有相应的节庆食品。如端午节饺子、中秋节月饼等.这些差异主要是由于中西方不同的观念和价值观造成的。中国有句名言"人以食为天"，充分体现了中国人民追求健康长寿的主要途径是饮食。相比之下，除了基本的饮食和营养，西方人更注重通过宗教和娱乐活动来追求健康和幸福。这一观念使他们相信，人类必须相信上帝，参加宗教仪式，并继续忏悔，以弥补灵魂的净化和幸福。因此，具有浓厚宗教色彩的西方节日习俗，注重宗教仪式后身心的愉悦与幸福。中国节日习俗与饮食密切相关，不同节日都有特定的节日食品，这反映了中国人对饮食和自然时机的特别关注。

节日和中国节日都有时间规律。不同的是，西方节日的时间反映了西方宗教信仰在生活中的地位，也反映了文艺复兴后人类回归的呼声。中国传统节日的举办时间反映了农耕文明在中国历史发展中的主导地位。

近年来，随着国际交往的频繁，中西方的社会、经济、文化交流越来越深入，各自的文化也逐渐相互学习和吸收，各自的节日也逐渐得到对方的认可和接受。一些西方节日在中国逐渐流行起来，因为节日色彩浓厚、主题鲜明、表达感情容易，因此在中国逐渐流行起来，并为许多人所接受，甚至已成为中国人的重要节日。比如西方的母亲节，父亲节，情人节等等。同样，中国的一些传统节日由于其欢快祥和的气氛和对和谐的重视，开始在双方的一些社会中得到认可。在一些西方国家，一些重要的中国传统节日甚至被指定为法定节日。

通过中西传统节日的比较，不仅要了解节日的起源、活动的形式和内容，而且要探索节日的文化内涵和道德。只有这样，才能正确认识中西传统节日的积极意义，使节日在社会中发挥更好的作用。

（二）思维文化

各民族思维习惯的形成与其历史文化环境密切相关。环境的主要因素是生产方式、历史传统、哲学思想和语言等。因此，不同文化背景的人在处理同一问题时，往往会采用不同的思维方式，并逐渐形成不同的思维习惯。语言作为感知和理解世界的重要手段，体现着思维；另一方面，语言习得也是影响思维习惯形成的重要原因。不同的民族语言，不同的思想。

文化和语言的不同思维方式，我们称之为思维文化。在思维方式上，东西方在思维方式上存在着明显的差异。人们常常用直线型和螺旋形来区分中英两种语言的文化差异。英语思维是线性的，称为"线性"思维。有这种思维文化的人直接用固定的言语来表达他们的信息，听者沿着这条线理解信息。直线式思维的人说话直截了当；而汉语思维则是螺旋式思维、委婉语和间接思维。

（三）心态文化

一个民族的心理文化是民族文化的历史积淀，不同民族有着不同的心理文化。心理文化与民族心理、宗教意识和社会意识密切相关。不同民族心态文化的差异表现在价值观、美学、伦理道德和宗教迷信等方面。

1. 价值

价值观来自人们的思维方式，尤其是世界观。不同的民族有不同的思维方式，因此，不同的民族和不同的文化有着不同的价值观。以下是对西方文化与中国文化价值观主要差异的简要比较。

集体主义和个人主义是中西价值观差异的最突出表现。个人主义和集体主义都是社会实践和社会存在的反映。社会的发展和不同文化的交流必然导致价值观的转变。中国文化对个人主义的理解不同于西方文化。中国文化对个人主义的理解是贬义的，而西方文化对个人主义的理解则是非常积极和受尊重的。"英国百科全书"将个人主义解释为一种高度重视个人自由的政治和社会哲学，广泛强调自我控制和不受外部约束的自由。我国传统文化中的集体意识在意识形态意识中占据主导地位，并已深入到人们的日常生活习俗中。中国人常说："在家靠父母，出去靠朋友。"作为一种美德，互相帮助、和谐相处是集体主义的表现，集体主义往往以民族主义和爱国主义的形式表现出来。

西方文化和中国文化的价值观也体现在对权力的态度上。西方人，特别是没有经历过封建主义的美国人，已经大大降低了他们对权力的渴望，而不是像中国人那样强烈地追求权力。对大多数西方人来说，权力只是选民或上级政府赋予他们履行职责和完成任务的手段。但由于中国几千年来一直实行封建专制，根本没有民主制度，所以中国人民对权力的崇拜更加强烈，对权力的渴望也更加强烈。

　　西方人和中国人对待金钱的方式不同。英美人从小就受过教育，长大后要追求两件事，一是金钱，二是权力。他们从小就受到个人主义和独立认同的教育和影响。在西方，特别是在美国和美国，孩子们18岁就离开家独立生活，即使他们的父母非常富有或有权势。孩子们也不想利用父母的财产和名誉在社会和事业上建立一个"温暖的巢穴"，父母也不想慷慨地给予。我们的传统文化提倡对名利无动于衷的观念，所以对待金钱的态度一直比较淡漠，认为"钱是身外之物"。特别是一些著名的文人把钱当成污垢。

　　2.美学观

　　不同民族的心理文化差异也体现在审美观念上。审美观念的差异是民族传统文化、民族心理和社会生活方式在审美活动中差异的具体表现。由于社会、历史、文化的差异，中英民族具有不同的审美标准和审美趣味。

　　虽然我们认为人们不应该判断外表，但事实上，在身体信息中，人们可能首先注意到外表。在审美方面，西方文化既有相同点，也有差异。在外观治疗方面，中西方常见的美貌标准是大眼睛和高鼻子。但"樱桃嘴"在中国人中更受欢迎，而西方则是美国的"大嘴"。在外表美方面，有一个有趣的现象，西方人有一套"东方美"，而中国人则有不同的标准。一些对中国人毫无吸引力的女孩将被西方人视为"天人合一"。在追求和尊重肤色方面的差异也反映了西方人和中国人在审美观念上的差异。自古以来，中国妇女就认为"白种人包罗万象"的观念比讲英语的国家更重要。虽然西方曾经把"白皮肤"视为贵族女性的专利，但它却是地位和地位的象征。但是现在，人们提倡健康，提倡皮肤"晒黑"，并认为"太阳光"的皮肤足够健康、漂亮。对于留着胡须的男人来说，中国和西方也有区别。尽管中国和西方都有留胡子的习惯，但人们相信留胡子会让男人看起来更加成熟和稳定。但西方文化对胡须非常讲究，特别是禁忌胡须的啁啾，胡须也非常注重胡子的保养和修整。另一方面，中国人更随意，也更宽容几天不刮胡子。

　　在不同的文化氛围中，审美观念的差异随处可见。有些动物和鸟类在不同的国家，如龙和狗的美丽上是不同的。在汉族文化中，龙不仅是美丽的，而且是权力、力量和吉祥的象征。可以说，中国文化是一种龙文化，而中国人是龙的引进，龙是中华民族的象征。但在英国文化中，龙不仅没有任何美感，而且是一种可怕的怪物，甚至可以说西方人谈论"龙"的颜色变了很多人。在英美媒体中，"亚洲四小龙"已改为"亚洲四小虎"。狗在中西方文化中的地位差别很大。狗在中国人看来是丑陋、卑贱的,人们常常用走狗、狗杂种、狗东西、狗屁不通、狼心狗肺、猪狗不如等"狗"词语来咒骂别人。但在西方一些国家,狗是幸运儿,人们常常视狗为知己,为生活中的忠实伴侣,关于狗的习语也很多,大多表示褒义。

在审美差异中,色彩美学是一个必须提出的问题。不同的民族对不同的颜色有不同的感觉。在国际贸易中,色彩的重要性更为现实。例如,巴西人避免绿色,日本人避免黄色,墨西哥人避免紫色,比利时人避免蓝色,土耳其人避免颜色,欧洲人避免黑色。如果你不理解这一点,不尊重不同民族的不同颜色偏好,那么很可能会造成误解。

3.伦理道德

不同民族的伦理道德差异会导致语言使用上的差异。如果我们不理解这些差异,现实中很容易在社会交往中造成不必要的误解。如果英美人认为年龄、收入、婚姻、信仰等个人信息纯属个人隐私,则不宜谈论。在中国文化中,年龄、收入和婚姻几乎是谈话中必不可少的话题。对汉族人来说,问这些问题是很自然和合乎逻辑的,即使他们是新朋友。它们也符合社会道德。

在身体暴露部位方面,中西方文化也有很大的差异。由于在欧美文化中接触的尸体比在中国多,中国人错误地认为说英语的国家的人是非常开放的。事实上,欧美保守人士随处可见,他们认为裸露的外表并不代表一种开放的心态。在跨文化交流中,我们不应该看那些戴着"彩色眼镜"的人。我们应该明白,更多赤裸的西方人不一定是"贬低"的,而被包围的阿拉伯妇女在看到它之前就必须是"封建落后"。

就像接吻。接吻在西方非常普遍,即使在公共场合,在光天化日之下,接吻并不违背道德,在一些欧美国家接吻是一种礼貌的行为。但这种在公众场合的亲密行为在中国是不道德的,也是不可接受的。

子女对父母的义务也是中西文化的一个很大的区别。在美国和美国这样的国家,孩子长大后一般没有义务赡养父母。在中国文化中,如果孩子没有抚养父母的责任,他们就不会被社会所接受,也不会受到社会的谴责。

4.宗教迷信

不同民族的宗教迷信也不同。宗教是一种社会文化现象,它与意义、价值和观念有着很大的关系,它们在人类社会的进程中相互作用、相互制约。

在宗教信仰方面,没有基督教就不可能谈论西方文化。基督教对西方社会生活和文化发展有着重要的影响。基督教是西方人的共同文化。人们甚至称西方文化为"基督教文化",这表明了基督教在西方的影响。在西方社会,人们随时随地都可以看到不同规模的教堂,感受到宗教,尤其是基督教对西方世界的影响,创造文化氛围。在西方世界，一个城市或一个城镇有几十个教堂，其中大部分在平日开放，特别是星期天，供外人在当地礼拜和观光。此外，西部城市地图清楚地显示了城市中各种规模教堂的位置。此外，宗教与现代西方人的婚姻密切相关。例如，当一个孩子出生时，他必须去教堂或邀请牧师接受洗礼。年轻人在教堂举行婚礼，老人的尸体在他死后被存放在教堂里，供他的家人和朋友们参观。因此，基督教、教会和西方人的现代生活是密不可分的，无论是在他们出生的时候，在婚姻和婚姻的时候，还是在他们的生命结束之后。

中国宗教是指存在于中国文化和地区的各种宗教形式，包括本土道教、各种民间宗教、外国佛教、基督教、伊斯兰教等。在谈论中国宗教时，人们往往首先想到佛教和道教，但实际上，儒学对中国宗教的影响是最重要的。中国宗教无论是起源于地方宗教形式，还是在逐步融入外来宗教形式后与中国文化发生了冲突，都具有鲜明的特点，即受儒家思想的影响，具有浓厚的伦理色彩。西方学者和中国学者认为，儒学本身蕴含着不可忽视的宗教情感，而中国宗教也具有浓厚的伦理色彩，两者相互影响，相互影响。

不同民族的思想文化差异也体现在不同民族心中潜藏着根深蒂固的宗教迷信。英语和汉语都有自己的迷信和禁忌。例如，中国人对"第四条"非常忌讳，而英美人则认为"十三"是一只火热的野兽。即使在今天，当科学发展的时候，西方住宅区的公寓数量还没有达到"13"。电梯也没有13楼号，娱乐场所也没有13排或13个座位等等。另一个例子是数字"七"，这似乎是神圣的穆斯林，但这是一个数字禁忌的中国人。中国人喜欢"八"这个数字，而每一个开了一家公司，搬到新房子，或者娶了一个新娘的人都喜欢选择"八"这个词。

（四）历史和文化

任何文化都是不同民族在自身发展过程中积累的精神成就，不同民族在不同的历史时期具有地域变化、制度创新、事件发生、文艺发展等特点。由此形成了许多具有民族历史属性的文化词语。此外，在文化发展的过程中，人们的名称和观念也会随着历史的发展而变化。因此，由于历史和文化的差异，中西方文化也有很大的文化差异。

这里所说的历史文化是文化的历史发展与文化的历史沉积在各自语言中的表现，特别是指一些传统说法、典故、格言、成语等。比如汉语里的习语"程咬金""月老，红娘""老泰山""应声虫""河东狮吼""穿小鞋""戴高帽子""抓辫子""清水衙门""身在曹营心在汉""不看僧面看佛面""一人得道，鸡犬升天"等。而成语中蕴含的特定的文化意义则更加丰富，如"三顾茅庐""卧薪尝胆""四面楚歌""穷途末路""背水一战""牛郎织女"等。而英语中的 meet one's Waterloo， eat crow, beat the air, the Judgment Day, January chicks, green revolution, black Friday, talk turkey, white elephant 等都具有一定的历史文化内涵,打着历史文化的烙印。

(五) 身体培养

不同文化背景的人有不同的身体文化。我们在这里谈论的身体文化包括非语言交流的各个方面,如身体动作、面部表情、空间距离、服装和装饰等等。尽管一些非语言的交流手段和方式随着时代的变化而发生了变化,但身体文化在信息传递中一直扮演着非常重要的角色。皮尔森认为,7%的情感信息是通过语言传递的,其余的93%是通过非语言手段传递的。不了解中西方文化的体态语言差异会导致跨文化交际的失败,因此,在正常的英语教学中,应注意培养学生对中西文化中肢体语言差异的意识。

1.体态语言

身体语言,也被称为肢体语言,包括手势、面部表情、头部运动、眼睛和其他传达信息的身体动作。这是最直观、最大的信息内容,也是最熟悉的非语言行为。

手势。手势不仅是指手的手势,也是指、手掌和人体上肢的手势。在交流中,人们经常用手势来表示某种意义。然而,不同民族之间的手语不同。中西方文化都可以用手势来表达某种意义,但同样的手势并不一定是相同的意思,同样的意思也会有不同的手势。例如,英国人和美国人把一只手放在喉咙上,伸出手指,手掌朝下表示"吃饱了",而中国人也用同样的手势来表示"杀了他们的头"。招手的手势,中国的手掌向下,几根手指同时弯下,当西方人这样做的时候,是掌心向上,食指或中指向内,这是对中国人的挑衅。换句话说,我们向某人问好的姿势类似于一个要求某人走开的美国人。可以看出,相似的手势在不同的民族群体中的含义是不同的,甚至相反,如果你不理解手势的差异,很容易引起误解。当然,有些手势是英美文化所独有的。例如,英美人站在路边,竖起大拇指,向路过的汽车司机表达搭便车的愿望,后者在英语中有"大拇指搭车"的成语。如果你不知道这些手势在西方文化中意味着什么,当你遇到这些信息时,它会给你的理解制造障碍。

面部表情。面部表情是一种身体语言,主要是指人的面部表情来传达信息。英语和汉语的面部表情是一样的。

眼睛。眼睛是灵魂的窗户,不同的眼睛意味着不同的含义。眼神交流作为一种重要的非言语交际行为,其眼神交流的方式和频率因文化的不同而不同。英美两国人民谈话时,双方经常直视对方.当你和一个人打招呼或交谈时,你需要看另一个人，否则这通常被认为是羞怯或缺乏热情，甚至是怯懦。在西方文化中，即使在演讲中，演讲者也应该经常与听众进行眼神交流。一方面是对观众的尊重，另一方面是方便地考察受众的反应并获得反馈。在中国文化中，为了表现出谦卑或尊重，双方不需要不时地互相注视，有时故意避免不断的眼神交流。

2.空间距离

空间的使用和控制所发出的通信信息称为空间信息。空间信息与人口和文化密切相关。中国人口稠密，个人可利用的空间相对有限；在欧洲和美国，人口相对稀少，个人空间相对较大。这一自然因素的差异导致了中美两国的两种不同的文化特征：中国文化属于人与人之间的密切关系，而欧美文化属于离散型文化，提倡个体孤独。这种文化差异使得许多新移民在中国各地都感到拥挤，没有任何私人空间；而中国比欧美的人际距离小，对拥挤的容忍度更高，因此，中国人来到欧美国家时，觉得人与人之间的距离太远，感到被忽视。下面，我们将从地域、个人空间和零空间三个方面来讨论中西方空间信息的差异。

领土。领土是指人们认为自己拥有或处置他们的领土空间。领土可以是固定的，也可以是临时的，如家、办公室、私家车等；临时的可以是酒店预订台、图书馆、自学教室、公共汽车，甚至是候车室的临时座位等。

中西文化差异主要体现在三个方面。首先，欧洲人和美国人在划分领土的方式上存在差异。美国人和美国人经常使用短篱笆，一块牌匾和其他一般的土地来分隔公共空间。中国人过去常常用独特的有形物品把领土和公共空间区分开来，例如高墙、道路上的栏杆等等。第二，欧美人民和中国人民对占有领土的愿望各不相同。西方人对领土的占有更多，他们的领土概念延伸到个人物品的专属所有权，特别是在英国和德国；中国人鼓励分享个人物品。例如，在西方，不可能看到一个人在公共汽车上或候诊室里看报纸，但这在中国很常见。即使是看报纸的人也会等到别人读完报纸后再翻阅下一页。第三，当领土被侵犯时，欧洲人和美国人的反应与中国人的反应不同。欧洲和美国人民的反应将更加强烈，而中国人的反应将更加温和。例如，在排队等人时，欧洲人和美国人都会清楚地表达他们对这种行为的不满并加以阻止，而中国人往往会默不作声地容忍这种行为，而对此却不屑一顾。

由于中西方文化的不同，身体间距也不同。由于身体间距的差异，双方的交流可能导致焦虑和焦虑，中西方文化的差异可能成为误解的根源。尤其是西方人认为适当的身体间距对中国人来说太冷了，而中国人认为适当的身体间距有点过大，甚至双方都会对彼此的关系产生误解。在欧洲和美国，挤在一起是不能容忍的，而中国人比西方更亲近。例如，几个中国人一起去饭馆吃饭时，他们会尽量在同一张桌子上吃饭，以便彼此靠近，而西方人则会坐在两张分开的桌子上。例如，在中国，你可以看到四五个人挤在同一辆出租车里，两个人在公共汽车上共用一个座位。这在欧洲和美国是非常罕见的。即使对一个家庭来说，他们也会坐在两辆车里，或者其中一辆站着。

零空间。零空间也称为身体接触和接触。受传统文化、生活方式和生活方式的影响，不同民族的身体接触观念各不相同。西方人从小就被教导要避免与陌生人进行身体接触。只有当他们彼此亲近时，他们才愿意与他人进行身体上的接触。此外，他们通常不愿意与他人进行身体接触，如果他们不小心与他人发生碰撞，他们会道歉。当他们在公共汽车、火车或拥挤的商店等公共场所发生碰撞时，他们会感到非常不舒服。与英美民族相比，中国人民对交通拥挤和身体碰撞更宽容．

霍尔根据身体接触频率的不同，提出了高身体接触和低身体接触文化的概念。然而，由于受性别、人际关系、年龄等因素的影响，在一定的文化环境下，身体接触行为很难界定为高触或低触。与欧美相比，中国人的异性身体接触率较低，同性身体接触率较高。在儒家文化的长期影响下，中国男人和女人总是强调低身体接触，而在公共场合不够亲密的男女一般不互相接触。在中国，同性别的年轻男子经常使用肩膀，这在中国被认为是兄弟情谊，而在西方，同性青年之间的肩膀可能被误解为对同性恋的怀疑。即使对女性来说，中国和西方也有很大的不同。首先，中国的同性女性比男性有更多的接触。当中国妇女因为她们漂亮的衣服或发型而互相赞扬时，她们通常会触摸她们的衣服或头发来加强她们的演讲。西方女人只是口头上互相赞扬，但没有中国女人表演。总之，在与西方人接触时，尽量避免彼此之间的身体接触，以免造成误解；异性恋沟通时，应注意对方的一些行为是礼貌友好的，不要太敏感。

中国女性对别人抚摸、拍拍或亲吻自己的孩子感到正常，认为这是其他人喜欢自己的孩子的一个信号，而英国和美国的女性则对这种行为感到不舒服甚至不满。

握手在东方是一种常见的礼仪，但中西方文化在握手方面存在差异。当西方人握手时，我们可能会觉得他们握手太难，而西方人则认为中国人握手通常比较轻，我们的态度不够真诚。中国和西方在握手的长度上也有差异。例如，西方客人不习惯立即与中国人握手，但由于不方便的礼貌，他们不得不止一次握手，等待对方放松。此外，握手时还应注意其他行为，如微笑、眼神等配合，否则容易造成误解。例如，在荷兰，当你和客人握手时，你应该盯着另一个人，否则对方会认为他被人瞧不起而不受尊重。

中西方国家的文化差异使西方人觉得中国人过于热情，不尊重个人隐私，而中国人则认为西方人是开放而傲慢的，对人漠不关心。因此，我们应该意识到这两个概念在跨文化交际中的存在．

3.服装及装饰品

一个人的衣服和个人物品也有很强的交际功能,在跨文化交际中也是非常重要的。服饰一直被认为是文化的象征,不同民族的服装和配饰也有很大的差异。

服装可以反映一个人的身份、职业和经济状况。在中国古代,皇帝和平民对服装的质地、图案和颜色都有严格的规定。在英国早期,如果丈夫的财产不足1000元,妻子就禁止佩戴丝巾。事实上,在当代,我们仍然可以根据一个人的穿着来判断他或她的职业和经济状况。英国人和美国人都注重服装和谐的场合,特别是在英国。一般来说,音乐会、歌剧和其他场合的服装越正式,私人聚会就越好,这取决于具体情况。中国人在服装和场合的搭配上没有这么严格的规定,通常穿晚礼服挤公共汽车或穿休闲服去大剧院。即使是日常穿着,英国人也很讲究,通常显得庄重、含蓄,例如,英语教授在讲台上总是笔直的西服。

中国人和西方人在服饰颜色和风格上有一定的差异。在童装中,中国童装色彩鲜艳,款式纯正,彰显儿童的纯真、纯真;西方童装在款式和色彩上趋向成年,牛仔、吊带、短童装比比皆是,色彩不如中国人鲜艳。对于年轻人来说,西方年轻人最常见的衣服是休闲风格和深色,而大多数中国人认为年轻人应该穿轻盈亮丽的衣服来配合他们的年龄,反映出年轻人的活力。尽管由于这两种生活方式的更大影响,现代中国的城市生活往往是随意的和随意的,但色彩仍然是明亮的,而不是黑暗的。然而,西方的服装并不都是灰色的,亮丽的衣服在街上也很常见。为了使这件衣服与他们的年龄相匹配,老年人倾向于选择蓝色、黑色和灰色的衣服。在西方国家,老年人认为自己老了,需要"亮丽的衣服"来弥补自己的"缺陷"。因此,西方人通常只在年老时才穿红色的衣服。

帽子是必须提到的衣服上的装饰品。在这方面,中西方最大的不同在于,欧美,特别是英国,注重脱帽以示礼节,而中国则不那么讲究礼节。

此外,戒指是个人物品信息传递的重要工具。是否戴戒指和戴戒指的地点可以反映一个人的婚姻状况,而戴戒指的人的性格和经济状况可以从他戴的戒指的风格来推断。在西方文化中,戒指的含义比较强烈,戴的方式不同,意义也不同。左手无名指戒指上的戒指表示结婚,左手中指表示订婚,小指表示未婚。右手戴的戒指起着重要的装饰作用。虽然中国自古以来就有戴戒指的习俗,但戒指和戴戒指的方式没有任何意义。随着国际化进程的推进,西方文化也被引入中国。许多中国成年女性也有戴戒指的习惯。但值得注意的是,我们应该理解戴戒指的具体含义。否则,很容易导致误解和笑话。

从上面我们可以看出,中国人和讲英语的民族之间存在着巨大的文化差异。为了避免与英美人沟通上的困难甚至失败,学生必须在语言学习中学习英语和美国文化的差异。英语教师不应想当然地认为,学生在学习语言的过程中,自然会了解英语和美国文化。相反，他们应该在教学过程中，结合教材，有意识地向学生传授相关知识。培养学生对两种文化体态语言差异的敏感性，提高学生的跨文化交际能力。

第二节 多元文化对英语教学的影响

当今世界是一个文化多样性的时代，不同民族的文化差异受到关注。由于社会转型期，各种文化思潮不断兴起，这些都会对教育产生一定的影响。多元文化的社会环境对学校教育有着直接的影响，它反映在学校环境的各个方面，使学校本身成为一个多元化的环境。如何在与各种文化因素的广泛接触中发展教育，以适应多元文化社会，是学校教育面临的一个重要问题。

一、多元文化视野下的英语课程教学

随着世界各国和各民族经济的快速发展，世界的发展日趋多样化，国际交往日益增多，文化的流动和渗透也越来越明显。由于历史、地理、语言等方面的差异，不同的国家和民族在价值观、宗教信仰、风俗习惯等方面形成了独特的文化认同，构成了不同的文化。全球化背景下突出了不同文化的差异。由于不同国家和民族之间的巨大差异，不同文化之间的冲突和冲突变得更加激烈。于是人们开始关注文化的多样性，为了使人们能够适应文化的多样性，多元化教育逐渐被提出。随着社会的发展，多元化教育的理论和实践得到了深入的研究。人们对多样化的教育和课程进行了全面而深入的研究。

（一）多元文化视野下的汉语英语

英语作为一种事实上的国际交流语言，经历了两个发展阶段。在第一阶段。大量英国移民抵达美洲、加拿大、澳大利亚、新西兰，并将英语与当地方言混合在一起。他们已经发展成为美国英语变体，加拿大英语变体，澳大利亚英语变体和新西兰英语变体。这些英语变体共同构成了新世界英语变体，在很大程度上促进了英语的全球化。

第二阶段发生在18世纪和19世纪，主要是"新英语"在亚洲和非洲的出现和发展。非洲英语分为两部分：非洲和东非。西非英语与"洋酒"英语和克里奥尔语有着密切的联系。当时，英国商人往来于西非，与土著人做生意，用混合英语交谈。到目前为止，尽管这些地方已经确立了英语的官方地位，但"洋酒"仍然是当地居民使用的第二种语言。东非英语是英国殖民东非后，在政府、法律、教育等部门广泛使用的一种语言。东非独立后，英语成为他们的官方语言。

18世纪下半叶，英语被引入南亚次大陆。印度引入英国教育体系后，英语成为印度教育领域使用最广泛的语言。英语在印度经历了印度风格的过程，形成了一种具有印度特色的英语新变体。今天，尽管印地语已经成为印度的官方语言，英语在印度仍然扮演着重要的角色。东南亚和太平洋地区的英语也是在这一时期形成的。马来西亚，新加坡，菲律宾和中国香港，都使用"洋酒"英语。

此时，英语全球化进入了一个新的阶段。世界各国都深受英语的影响，形成或正在形成新的英语变体，语言学家难以对其进行分类。然而，英语的各种变体都有其自身的特点，英语与标准英语在口音、词汇、语法等方面存在着明显的差异。其中，中国英语就是一个典型的例子。

可以说，中国英语是中英文化结合的产物，肩负着承载中国文化的重任。作为英语的一种变体，在使用汉语英语的过程中产生的"变异"也是意料之中的。只要它能实现语言交流，传递信息和文化，就没有对错之分。虽然中国英语还没有被广泛接受，西方人在面对中国英语时常常感到奇怪，但他们认为"不规范"和"不真实"，但为了成功地完成交流活动，基于中国英语对英语习惯和文化的充分尊重，西方人也需要充分了解中国英语中其他国家的特点，以加深对中国文化的了解。毕竟，英语和汉语之间存在着很大的差距：不仅属于不同的语言家族，而且承载着非常不同的文化。在许多情况下，标准英语无法表达中国传统文化特有的事物和现象，存在着巨大的文化差距。处理这种情况的最好办法是使用中文英语。中国英语的特点是由中国独特的思维方式和中国传统文化决定的。处理中国英语文化差异的最好方法是异化和归化。在尊重英语规范和文化的前提下，我们力求忠实地体现中国文化，获得更多海外人士的理解和熟悉。只有这样，才能保证国际交流的顺利进行。

总之，我们认为中国英语是中国人用来表达中国独特事物和文化的语言，它体现了中国人独特的思维方式，是中国文化与英语相结合的必然产物。它是英语的发展和丰富。

随着我国经济和文化的发展，我国在世界上的地位越来越重要。越来越多的有中国特色的事物、概念和文化将被翻译成英语并引入世界各地。这将不可避免地给英语带来一层中国色彩，同时也会使英语受到中国文化的影响而更加丰富。中国英语也将在世界以及美国英语、印度英语和其他英语变体中发挥特殊的作用和价值。当代中国学生应该树立自信，弘扬中国英语，让中国走向世界，让世界了解中国。

（二）多元文化视野下的英语课程目标

过去，"掌握语言的基本知识和基本技能"被认为是我国外语人才培养的目标，不能适应现代社会文化多元化的发展趋势。在多元文化的现代社会，我国需要重新制定英语课程目标，了解英汉文化差异，增强跨文化意识，培养适应当今社会需要的人才。根据我国当前的社会背景，借鉴国外多元文化课程目标，总结出我国多元文化课程目标。

1.帮助学生学习和了解世界文化

由于地理环境、历史背景、社会发展、生活方式、科技水平等方面的差异，世界各地形成了不同的文化传统，每一种文化都有着不可剥夺的存在理由和不可替代的独特价值，不同的文化群体使世界文化多元化。

随着社会的发展，国家和民族之间的交流越来越频繁，不同的文化之间也存在着很大的差异。如果我们不能理解不同民族的文化，就很难避免文化冲突。如果学生不研究和理解世界文化的多样性，他们可能会排斥和否定其他国家和民族的文化，从而导致他们交流中的文化冲突。它将给学生的个体成长和社会发展带来不可弥补的损害。因此，为了适应现代生活的需要，满足不同国家和民族之间交流的需要，教师应该帮助学生学习和理解世界文化，使学生能够理解世界文化的多样性。使学生形成开放的心态对待世界，不怕陌生的事物，不怕陌生的面孔，了解异国文化，尊重他人，从而避免文化冲突，实现平等交流，成功合作。

学校教育应使学生有机会扩大对外国民族文化（包括语言）的学习和了解，培养他们对该国文化的尊重和深刻了解，获得了解世界不同国家和民族文化所需的基本技能。

一方面，学校应该为学生提供学习外国文化的机会，因为对一个国家的文化有深刻的理解和积极的态度，可以使学生形成一种尊重其他外国文化的态度。在学习外国文化的过程中，一些基本的跨文化学习技能可以帮助学生更好地理解其他文化。这样，学生就可以在有限的学习时间和有限的精力下学习其他民族文化，从而实现"一件事"和"三件事"的教学。另一方面，学习其他民族文化可以为学生评价和反思自己的文化提供一个完整、系统的参考系统。通过对外来文化的系统研究，深入了解外来文化的形成和发展，深刻认识其文化内涵，从而为学生反思自己的文化提供对比。缺乏对不同民族文化的学习，会使学生反思自己的文化不全面，评价不公平，甚至学生也永远不会反思自己的文化，这不利于文化的发展。

2.引导学生尊重和接受世界文化

从多元文化的角度看，学生学习和理解世界文化是不够的。在世界文化多元化的背景下，培养学生跨文化交际能力，不仅要帮助学生树立多元主义的观念，而且要引导学生尊重和接受世界文化。

引导学生尊重和接受世界文化，就是引导学生广泛了解各种文化，扩大对人类多元文化的理解。让学生发现美好生活、美好世界、美好未来的共同追求，理解平等正义，使学生认识到促进社会平等和发展是社会每个成员的责任；引导学生尊重和接受世界文化，是帮助学生利用自己掌握的方法和技能，探索其他文化的形成和本质，并不时参照其他民族文化对自己的文化进行剖析和反思。促进个人修养的不断发展，引导学生尊重和接受世界文化，就是帮助学生以开放的心态认识世界，了解自己，形成多角度的审视问题和观念的思维方式，发现文化多样性的价值，促进文化平等的维护。

然而，值得注意的是，在多元文化教育下，民族文化课程不应减少，而应加强。多元文化教育是学校教育不可分割的一部分，它符合国家的教育目的，但它并不是学校的全部课程，它相对于单一文化教育，是以单一文化教育的存在为前提的。如果没有现有的民族或民族文化研究，就不会有外国或其他民族的文化研究；一个国家或一个民族只有具有自己的文化独特性，才能在世界上占据重要地位，为世界文化的发展作出自己的贡献。了解自己和了解他人是一个相互促进的过程。在理解和尊重其他文化的过程中，多元文化教育也是对自己文化的一种更深刻的理解和发展。

3.培养学生批判性思维

从多元文化的角度看，我们不应该衡量和评价我们自己的文化、道德和价值观，也不应该排斥其他民族的文化，也不应该盲目地模仿和追随其他民族的文化。我们应该以公正和宽容的态度对待其他文化，坚持我们自己民族的优秀文化。因此，除了帮助学生学习和理解世界文化，引导学生尊重和理解世界文化之外，多元视角下的英语课程也需要促进学生反思自己的文化，培养学生的批判性思维。

如果中小学英语教育注重英语语言知识的教学，那么思维能力是高等教育的核心。思维能力对学生的语言学习乃至对宏观事物的认识起着重要的作用。在国外，许多学校都把培养学生的投机能力作为教育目标纳入教学计划。

目前，一、二年级的英语教学仍然侧重于英语基础知识的教学，培养学生的基本技能、正确的学习方法和良好的学习习惯，同时加强三、四年级的基础技能和英语专业知识的学习。扩大知识和对文化差异的理解。从认知角度看，国内大学阶段英语专业学生的认知水平高于其学习内容所要求的认知水平，导致学生的思辨能力缺乏应有的挑战。此外，目前英语教学中还存在大量的模仿、记忆和重述的机械练习，这自然不能培养学生的分析、推理和评价能力，导致学生思辨空间有限，训练不足。有鉴于此，我们可以借鉴西方学者的研究视角，通过西方文化认知来改变我国传统的英语教学理念和教学方法。

与中国文化的感性思维和集体主义价值观相比，西方文化强调理性思维和个体追求与发展。因此，西方学者更注重对事物的客观认识和个人思辨能力的培养。

在课堂教学中，角色扮演、口头报告、小组对话、分析性文章、合作学习、专题研究和论文写作等课堂活动对提高学生思维能力的作用往往要大于多项选择题。它们使学生在充分发挥主观能动性的同时，积极思考，运用批判性思维，最终形成一种全面、客观、独特、辩证的事物研究与讨论观。可以看出，学习世界文化为学生审视自己的文化提供了一个很好的机会。多元文化教育和多元文化课程打开了学生的眼界，使他们能够从多个角度审视自己的文化和目标语言文化。在对母语文化和外来文化进行比较分析时，学生能够从新的视角来看待和思考母语文化中的观点和现象，发现隐藏的文化缘由。并从多元文化的角度对这些既定的价值观、信仰和行为进行反思。从多元文化的角度来看，以前一些无可置疑或"完全合理"的观点已经站不住脚，而一些新的外国文化思想则显示了它们的优越性。多元文化的碰撞，使学生反思自己的文化，甚至是外国文化，并把文化的精髓转化为糟粕，最终树立起自己的个人文化观念。只有通过与世界文化的广泛接触，了解世界文化的多样性，了解民族文化与其他文化的差异，学生的个性才能得到自由发展和充分尊重，才能实现文化的繁荣。

综上所述，在世界文化剧烈碰撞的今天，国内英语教学已不能局限于中国文化观的指导，而应从多元文化的角度审视国内英语教学，找出其不足之处。要提高高校英语专业学生的思维能力，形成成熟的批判性思维，促进今后的学习和工作，就必须确立科学的英语教学目标。

（三）多元文化视野下的英语课程价值选择

1.语言与身份的关系及其启示

世界上对语言与身份的关系有两种观点，即结构观和建构观。结构概念强调身份形成的社会条件和局限性，认为身份认同是在社会结构的影响下消除个人化的过程，是将个人视为群体成员的过程。语言学习者的社会认同往往受到母语与目的语权力关系的影响。从结构上看，群体在本质上具有一定的固定要素，语言是群体认同的重要标志。

从结构上看，语言是实现群体认同必须突破的障碍。这对英语教学具有重要意义。只有提高他们的语言能力，使他们自己的语言水平达到母语者的水平，他们才能被目标语言群体所接受。衡量学生能否被本族语者识别的标准是语言的程度。

结构理论对语言的研究具有重要意义，长期以来一直占据主导地位。然而，在结构观上仍存在着一些局限性，即过分强调社会结构的制约作用，忽视个体主动性的作用，语言对群体认同的作用，以及语言与身份的复杂多元关系。20世纪90年代，建筑概念取代了结构观的主导地位。

"从社会建构的角度来看，现实、知识、思想、事实、文本、自我等都是由社会生产和维护的语言存在，具有广泛的象征意义。它们定义或"构成"产生它们的社区。这种观点认为语言是社会规则、力量和资源相互谈判和竞争的产物。身份不是个体主观意图的结果，也不是社会结构依附的结果，而是特定社会环境下语言与语言的建构、流动和多元的过程。例如，"某个人是谁"的问题涉及许多方面。这不是纯粹的个人假设，也不是特定外部环境的结果，而是社会环境与个体在社会活动中相互作用的过程。这个过程与语言的使用是分不开的。

从建构的角度看，身份不仅是通过语言本身来实现的，而且是通过社会结构下包括语言在内的各种力量的综合作用来实现的。认同不是目的和结果，而是变化的过程。这意味着语言本身不能实现群体认同，而是在语言学习过程中融入更多的社会力量，使其与语言整合作用，并在这一过程中逐步实现群体认同。其中，社会力量离不开社会的各种文化因素和跨文化交流中巨大的文化差异。

语言学习活动经过结构观向建构观的转变，不再是由社会结构决定的行为的再现，也不再仅仅是个体特征差异的体现。它是一种复杂的社会现象，是一种关于人的生活轨迹和社会发展轨迹的活动。他说："这种观念的转变，有利于揭示妨碍语言学习的社会因素，也有利于英语教学在学生的经验、心理、认知等方面的全面发展，并能从本质上提高学生语言学习的效果"。

2.英语课程设置

随着多元文化影响的不断深化，多元文化教育逐渐受到重视和重视。多元文化课程为当今世界的课程改革注入了新的活力，为新课程改革提供了一条可供选择的路径。然而，人们怀疑，多元文化主义过分强调文化特殊性，这很容易导致对自己民族文化的兴趣，以及孤立、冷漠甚至排斥其他文化的态度。换言之，就整个社会而言，多元文化可能会为各民族的权益而导致各民族的分裂和冲突；就国家而言，可能会煽动民族主义情绪，导致诽谤，甚至迫害异见人士。然而，我们必须承认，我们确实进入了一个多元文化的时代。由于文化类型的多样性，文化的积累比其他时代更加丰富和深刻。多元文化课程应包括哪些类型的文化？让学生接受更多自己的文化教育，会影响他们接受其他先进文化教育的完整性，随着多元文化主义的深入和多元文化课程的出现，这些问题的出现值得思考。因此，在多元文化课程背景下，必然存在价值选择问题，课程文化的价值选择必然影响课程发展的方向。

（1）具有多元化的发展前景

当今世界，经济和科技的飞速发展，要求各国走出国门，走向世界，加强与各国的交流与合作，跨文化交流日益繁荣。随着世界各国文化交流的不断深入，文化冲突日益引起人们的关注。每一种文化都有其背景和发展历程，每一种文化都有其价值。虽然世界文化的趋势越来越明显，但关于单一文化和多元文化主义的争论仍然存在，而且还将继续下去。然而，无论如何，在一个文化多样性和剧烈变化的世界中，描述文化奇点的通常方法不再适用，多元文化主义也不是解决现实社会中的课程问题的万灵药。对于现存的问题，甚至没有现成的解决办法。学校多元文化教育和多元文化课程的目的是在复杂多变的世界格局和人类发展中开拓学生文化理解的新视野，培养学生的多元文化视野。从而培养学生跨文化交际能力。这就要求多元文化教育要把文化一元论与多元主义的矛盾联系起来，使文化一元论与多元文化相辅相成，使文化的普遍性与特殊性并存，文化的共性与个性得到平衡。强调不同文化之间的平等性和独特性，促进世界文化的繁荣与发展。多元文化课程旨在分享不同文化的成就和贡献，并促进不同文化社区之间的有效沟通、相互理解、相互认同和相互尊重。

教师作为教学的领导者，在帮助学生学习和理解世界文化，树立世界文化多样性观念，培养学生的跨文化适应性等方面发挥着重要作用。要发展多元化的视野，就必须培养具有多元文化视野的教师。

为了形成一个多元文化的愿景，我们首先需要改变我们的观念。长期以来，教师被训练成熟悉主流文化传统和传播科学真理，而不是具有多元文化视野、理解不同文化和尊重不同文化，这导致了教师缺乏多元文化观点。缺乏对多元文化教育的认识。要培养教师，首先要转变教师的多元化教育观念。我们应该使教师认识到，多元文化教育不仅是教学的历史文化内容，而且是一种理念，所有的学生都应该得到平等的教育。了解世界文化的多样性，培养学生的跨文化意识，引导学生的积极态度和文化价值取向，尊重和接受不同的历史文化。

因此，要具有多元化的发展观，首先要在教师教育中更新多元文化教育理念，使教师的培养目标成为培养目标。教师教育必须帮助未来的教师更清楚地了解多元文化教育对其各自学科领域和教学环境的重要性，并更好地了解和理解世界上其他民族的文化和语言。培养学生正确理解文化差异，尊重多元文化态度，培养学生设计多元文化教学情境的能力。

（2）多元文化课程应具有系统性。

多元文化课程不是简单地添加不同文化的内容，而是通过一种整合的方法整合各种文化内容的互动。从多元文化的角度看，课程仍然是以主流文化的人、物为基础的，而多元文化的观点应该渗透到学校的整个课程中。多元文化教育的发展必须是一个整体的过程，在这个过程中，所有相互关联的方面都是相互联系的。促进学校多元文化教育是一项全面的改革，课程和教材是核心，与学生有着密切的人际交往关系的教师起着关键作用。只有通过全面体制改革，才能为多元化教育设计出富有成效的课程。

课程内容应公正、客观地反映不同的文化，帮助学生全面了解不同的文化，感受到不同的文化同等重要，培养学生对不同文化的尊重意识。培养学生跨文化交际的知识和技能。特别是对于历史和当代重要的、有争议的社会问题，我们努力从不同的角度和开放的角度进行分析和讨论，以拓宽学生的视野，拓宽学生的思维。引导学生以开放和宽容的眼光看待问题。同时，我们也不能忽视这个民族的文化教育。引导学生在自身文化的基础上整合各种文化内容，批判地研究世界文化，反思自己的文化，实现自我发展。

一直以来，学校都实行一元课程，一元课程是单一封闭的，追求整体统一，即目标统一、要求统一、内容统一、时间统一、形式统一、评价标准统一。这一统一的课程使丰富多彩的教育实践失去了活力，丰富多样的人格丧失了生命力。随着世界文化的多样性，整合让位于多样性，一元论课程应让位于多元课程。学校课程如果不能适应世界文化多样性的变化，不能在课程中反映文化的多样性，必然会落后于社会的需要，不能满足学生多样化发展的需要。因此，一方面，学校课程应将多元文化内容融入学校教育网络。另一方面，调整课程结构，增加选修课、核心课程和辅助模块，将一元化课程转变为多门课程。在调整过程中，应全面设计课程，设置多样化的课程，为学生提供学习、理解和接受各种文化的机会，培养他们在跨文化环境中的适应性。

（3）坚持人格取向。

多元文化教育的理念是，所有学生不论其性别、社会阶层、国籍或文化身份如何，都应有平等的学习机会。这种平等的学习机会显然不仅是人类学习的平等机会，也是获得学术成功的平等机会。因此，在多元文化教学的背景下，教师不应忘记，每个学生都是一个独特的个体，每个学生都有自己独特的学习风格，教师的教学不应该仅仅基于此。并帮助学生找到自己独特的学习方式，使他们能够更有效地学习。从多元文化的角度看，教师应注重如何提高学生的自我概念，如何促进不同文化背景下的学生合作学习，以及如何使教学适应学生的学习风格。

目前，一元论课程存在统一性问题。多元文化课程必须树立尊重个体、发展个性、培养自我责任感的观念。人格不仅是每个人的人格，也是每个家庭、学校、社区、企业、国家、文化和时代的人格。人格的发展是尊重、培养和充分发挥每个人的人格，使每个学生都能真正了解自己的人格、他人的人格、自己和他人的人格。只有这样，我们才能更好地尊重和展示自己和他人的个性，这是贯穿于个人、社会和国家各个方面的永恒哲学。因此，从多元文化的角度看，英语课程应改变学生对知识的被动接受，引导学生找到适合自己特点的主动学习，建立民主平等的师生关系。加强教育改革，经常体现出，根据实际教育目标、内容、方法作出改变，保持进取、创新和更新的活力。多样化和个性化是同一问题的两个方面。多元化是从数量上保证个性化的实现，个性化是从质量上促进多元化的发展。为了满足所有人的基本学习需要，学校课程必须从多元文化的角度对英语课程的多样性和个性化做出必要的选择。

二、多元文化视野下的双语教学

近年来，随着全球化进程的加快和国际交流的日益频繁，外语在世界范围内的作用越来越重要。近年来，双语教学实验在世界范围内得到了广泛的开展，为人们学习外语和学习世界文化打开了新的大门。双语教学的真实语言学习环境促进了学生学习和掌握语言。

在我国当前的教育中，英语作为一门外语已经受到社会、学校、教师和学生的重视，这有利于外语人才的培养。然而，有一个必须承认的现实，即英语在我国只是一门独立的学科，过于重视英语知识的教学，轻视语言的交际性和工具性。英语学习与它的实际应用是脱节的。虽然我们的学生从小学、初中、高中到大学都要花费大量的时间和精力来学习英语，但他们与其他学科的关系仍然不太好。用外语交流和表达思想的能力仍然很弱。因此，寻求多元文化教育，开展符合时代潮流的双语教学是一项明智的举措。近年来，中英文双语教学实验越来越受到人们的重视，并迅速发展，日益成为我国教育改革的热点。本文从以下几个方面介绍了双语教学。

（一）双语教学的基本内涵。

双语教学是多元文化教育的基本前提。双语教学不是两种语言的机械加法，而是两种语言同时教学条件下的有机整体。完全意义上的双语教学是指与对方接触的双语教学的设计和实施。

双语教育（Bilingual Education，Bilingual Teaching Learning）的定义不下于几十个。从广义上讲，双语教学是指以两种语言教学的教育体系。狭义双语教育是指学校使用第二语言或外语进行的数学、物理、化学、历史、地理等学科的教学。

事实上，双语教学不仅是一门独立的外语学科，也是一门外语作为教学语言来学习的一些非语言学科，其他学科都是用母语授课的。也就是说，外语是学习学科知识的教学语言，学科内容是外语学习的教学资源。附加双语教育是指在教学过程中，教学语言不是学生的母语（或第一语言），而是外语（或第二语言）。教学的目的是培养学生掌握两种语言，成为双语人才。而不是准备取代学生的母语或第一语言。在教学过程中，教学语言不是学生的母语（或第一语言），而是外语（或第二语言），其目的是准备取代学生的母语（或第一语言）。由此可见，我国的双语教学具有明显的加性双语教育的特点，其目的是提高学生的英语水平，同时掌握中、英两种语言。成为中英文双语者,能够在跨文化背景下进行交流。

(二) 双语教学的必要性

近年来,国际交流越来越频繁。为了加强与世界各国的交流与交流,我们必须重视双语教学。

1.双语教学是经济发展的需要

现代社会经济发展的全球化对人才的需求提出了更高的要求。只有具备国际沟通能力的人才能在国际交往中发挥重要作用。中国要融入国际社会,提高自己在世界上的地位和影响力,就必须加快培养国际人才。英语是国际社会的共同语言。因此,加快培养国际人才,提高专业人员的英语水平和能力,对促进我国对外经济交流与合作具有重要意义。高校双语教学是提高专业人员英语水平的必要而重要的途径。

2.双语教育是科技发展的需要

在知识经济时代,一个国家的经济发展离不开科学技术的发展,科技落后将成为经济发展的瓶颈。中国的科学技术发展落后于西方国家,因此有必要积极学习西方科学技术,西方国家的研究成果和科学文献大多是用英语描述的。以医学科技为例,英语文献是主要的、高水平的、先进的医学文献,要培养高水平的医学人才,就不可能有坚实的医学英语基础。因此,我国必须加快专业英语水平的提高,以提高向西方学习先进技术的能力。显然,我国高校双语教学的目的是实现大学生的科学知识符合国际标准,进一步提高人才的专业水平。

3.双语教育是文化交流与发展的需要

随着世界经济和科技的发展,国际交流越来越频繁,人们的文化交流也越来越频繁。英语作为世界上使用最广泛的语言,在国际文化交流中发挥着重要作用。双语教育有利于中西方文化交流与发展。例如,近年来,随着我国与西方国家艺术交流的增多,我国一些艺术家在西方国家举办了艺术展览,西方国家的乐队也在我国演出。所有这些交流活动都需要语言交流。英语是一种常见的交际语言。

(三) 双语教学的现状

我国十分重视英语教学和双语教学的发展。然而,由于受到各种W元素的影响,我国双语教学还存在着诸多问题。

1.学生的英语水平参差不齐

由于我国教育发展水平的不平衡和学生语言学习能力和方法的问题,学生的英语基础水平差异很大,英语基础差的学生在双语教学中苦苦挣扎。双语教育的实施阻碍了英语基础薄弱的学生获得专业知识,这与双语教学的初衷是背道而驰的。

2.双语教师的英语水平不能满足双语教学的要求

我国双语教师存在的突出问题是数量不足、英语教学水平低、英语运用能力差。由于我国双语教学时间不长,能够开展双语教学的教师寥寥无几。双语教学教师的短缺,导致一些学校为了不影响双语教学的正常进行,安排了英语水平较高的专业教师或具有较高专业技能的英语教师从事双语教学。因此,双语教师的水平参差不齐。许多专业教师接受传统的教育,虽然他们有较扎实的专业知识,但口语相对较差,缺乏专业知识与英语能力的交集与融合,缺乏英语教学中的表达能力。虽然有些教师可以用英语表达精心准备的教学内容,但在课堂教学中,他们在与学生的交流中遇到了困难,阻碍了师生之间的交流。此外,有些教师担心双语教学可能无法完成教学内容,或无法真正做到说英语。

3.我国目前缺乏良好的双语教材。

虽然我国引进了大量的原始外语教材供教师参考,但与我国的双语课程相比,数量仍然相对较少,而且许多双语教学课程还没有正式出版英语教科书,而是课件或讲义。由于各国教育和学生的特殊性,即使引进了外语原版教材,这些原始教材也不能满足我国双语教学的需要。

第三节 构建一个文化教学的模式

一、树立正确的大学英语文化教学观念

从对大学英语教学中文化教学的实践探索中,我们不难发现,教师的作用不容忽视。它是文化教学得以顺利进行的重要基础,也是取得卓越教学效果的重要前提。部分教师文化知识的缺乏,对英语文化了解的广度和深度无法完全胜任文化教学的要求,难以将中西方文化有效地融入英语教学中。此外,部分教师跨文化交际意识淡薄,将大学英语教学简单地认为是词汇、短语与句型知识的传授,致使大多数学生认为英语教学课堂死气沉沉,枯燥乏味。那么,为了弥补部分大学英语教师文化素养不高,文化教学意识淡薄的现状,我们一方面可以通过开设英语文化培训班,使英语教师以继续教育的形式加强对英语国家的历史、文化、风俗习惯、生活方式等内容的深入了解,从而为英语教学的改善创造条件;另一方面也可以通过"请进来,送出去"的方式,即邀请英语国家的专家学者直接参与到大学英语教学和英语继续教育工作中来,或者是为大学英语教师提供与英语国家的专家学者座谈交流的机会,亦或是经常选派大学英语教师出国培训,让其身临其境地感受英语国家的历史、文化以及生活细节等。总之,通过以上一系列举措的实施,目的只有一个,就是让教师树立起正确的大学英语文化教学观念,

因为它是有效实施大学英语文化教学的前提，也是有效实施大学英语文化教学的基础。

树立正确的大学英语文化教学观念，要求教师在英语教学实践中将语言和文化有机地结合于一体。教师们常常会发现在英语教学过程中，学生们对于英语语言所承载的文化信息的兴趣要远远大于对英语语言知识的兴趣。为此，大学英语教师在向学生传授知识时应注重文化内容的讲解，因为语言教育和文化教育是相辅相成的。比如，在讲解课文时，为了达到在语言中学文化的目的，教师可以利用一些句子或者单词所蕴含的特殊文化知识来吸引学生的注意力。另外，教师还可以适当地添加教学内容，在大学英语教学中加入适当的文化教育。这样一来，在整个教学过程中，教师与学生的多元文化知识与素养都会在潜移默化中被提高。

树立正确的大学英语文化教学观念，要求教师注重西方文化与母语文化的同步输入。在大学英语的文化教学中，使学生在潜移默化中以一种批判的眼光学习英语文化，避免因过度导入西方文化，出现学生漠视甚至摒弃以汉语为载体的中国文化。在讲解西方文化的同时，更要注重对母语文化的强调，通过西方文化与母语文化的同步输入，使学生在两种文化的比较学习中认识差异，在欣赏两种文化的同时获得社会交际中必要的跨文化交际意识与技能。比如在讲授"Five Famous Symbols of American Culture（美国文化的五大象征）"时，教师可以采用中西方文化对比的方法，在介绍自由女神像、芭比娃娃、哥特人、野牛镍币和山姆大叔的同时，还应通过导入秦始皇兵马俑、万里长城等象征中国文化的主要代表，一方面帮助学生回顾我国的历史文化，另一方面加深学生对美国文化的理解。

树立正确的大学英语文化教学观念，还要求教师树立正确的跨文化教学价值观。教师在以英语为载体进行文化教学时，应引导学生以一种求同存异的包容心态承认英语与汉语之间的文化差异，并尊重这种文化差异。教师尤为注意的是，既要引导学生正确认识、深刻理解英语语言中蕴含的先进文化，又要防止学生错误认同、盲目崇拜英语语言中隐藏的落后文化。

二、确立多元的大学英语文化教学目标

大学具有培养学生具有人文理性和人文关怀的职责，因此，在大学英语教学中倾向于重"功利"、轻"育人"，重名利而轻人文是万万不可取的。而且这样的功利心思也学不好英语。大学英语教学就是意在通过语言的学习，使学生培养并具备一种新的文化意识，能够在了解别的文化的基础上，比较鉴赏不同的文化，取其精华去其糟粕，提升自身的综合素质。通过掌握语言的学习方法，进而养成良好的学习习惯，便能提高学习的整体效率，这也正是通识教育的主要目的。综上所述，理想的、科学的大学英语教学目标应该是多元的。

结合《世界高等教育宣言》及《世界文化多样性宣言》中对多元文化目标的解读，我们对大学英语课程教学目标赋予了更多的要求。其一，要求越来越重视学生多元文化素养的培养。在经济活动全球化的背景下，人才流动已在世界悄然进行。具有多元文化素养的人才是今后各个经济行业中不可多得的人才，正如美国著名经济学家约翰.奈斯比特提出的"现今社会，人们争夺的不再是地理上的疆域。要想在这场竞争中胜出，各个国家必须把人才培养当作经济发展的首要任务。"多元文化素养包括了全球意识，它要求学生不仅能对外国文化吸取精华、弃其糟粕，而且还对比本土文化有比较深刻的理解，保持自己看待问题和处理问题的独有性。其二，要加强跨文化交际能力的培养。跨文化交际能力是一种与非本民族交往的行为能力，尤其是指避免和消除跨文化冲突、形成和发扬跨文化融合的能力气它包括以下几个方面：一是跨文化认识能力，即通过观察、走访、调研、阅读、分析、沟通等形式加深对英语文化的理解，使学生具备一定的认知与沟通能力；二是跨文化比较能力，即通过比较母语文化与英语文化的异同，使学生加深对两种文化的理解，从而促进本民族文化与全世界文化的共同发展；三是跨文化取舍能力，即在认知英语文化后，选择学习或舍弃其中某些成分，使学生在英语学习中树立汲取西方文化先进部分，舍弃西方文化落后部分的意识，取其精华，去其糟粕；四是跨文化参照能力，即在认知英语文化后，不仅对英语文化进行取舍，更以英语文化为参照对象，发现汉语文化中值得发扬或者应该舍弃的部分；五是跨文化传播能力，即在与异民族交往的过程中，主动让异民族了解本民族的文化，这也是英语文化教学的终极目标。其三，各校应结合自身特点制定不同的教学目标。各高等学校应参照《教学要求》中的总体要求，根据本校自身的实际情况，制定科学的、系统的、个性化的大学英语教学大纲，指导本校的大学英语教学，有条件的学校可以为本校的不同专业确立符合专业就业领域、充分体现专业特点、彰显个性化特征的教学目标，这样的教学目标才更有针对性，才能为取得最佳的教学效果奠定基础，才能为社会更好地服务。

三、采用丰富的大学英语文化教学策略

教师采用丰富的大学英语文化教学策略，是探索实施大学英语教学中文化教学的关键。枯燥无味、照本宣科的课堂不仅降低了学生的学习效率，还会淡化学生对英语的学习兴趣。因此，在英语教学中，教师应采用丰富的教学模式与方法输入文化，从而取得良好的教学效果。

首先，教师应在课文教学前，采用丰富的文化教学策略进行文化导入。一是采用启发式教学法，在进行课文教学前通过教师提问的方式引出文章的主题，从而激发了学生参与的积极性。二是文化背景知识引入法，如在讲授"Time Conscious Americans（时间观念强的美国人）"时，教师应介绍不同国家人们的时间观念来激发学生的学习兴趣，.学生可自由讨论西方人时间观念强、中国人时间观念相对较弱的深层次原因。

其次，教师应在课文教学中，采用丰富的文化教学策略进行文化体验是交际法，就是在老师以提问的方式引出文章的主题后，让学生积极参与到文章主题的讨论中来。如：在进行课文"Career Planning"讲授时，教师在提出职业规划主题后，接着就可以引出了一个讨论话题：If you had graduated, what would you do? 让学生分组讨论，由于这个话题留给学生很多遐想空间，所以学生感觉有话可说。这样就使学生整体参与到了学习中来。二是语法翻译法，它一种能为学生在了解英语读物和翻译英语材料时提供判断的工具。为了使学生加深对语言现象的理解，教师往往通过语法翻译法使学生在学习过程中提高举一反三的能力，从而为提高跨文化交际能力奠定坚实基础。三是词义挖掘法，由于文化因素的影响，英、汉语中很多词汇的含义具有多样性，同一个词汇在不同的文化环境下使用就可能具有完全不同的含义。当遇到含义不同的词汇时，大学英语教师就要及时地提醒学生，让他们记住并学会这些特殊词汇的使用环境以及使用时应注意的事项。另外，教师可以设立一套自己独特的教学思路，在教学的过程中，把相类似的单词放在一起，通过一个单词而引出其他类似的词汇，帮助学生建立一个系统的词汇结构，遇到一词多义的情形能够及时准确的反馈在大脑中只有准确地掌握词汇的使用背景，才能灵活的运用词汇。四是对比教学法，这是大学英语教学中常被使用的文化教学方法，正所谓有比较才有借鉴。为此，我们在英语教学中可以引导学生分析一些东西方不同的文化现象，让他们了解其中的差异，加深他们对英语文化的感知并逐渐培养出跨文化交流时的语言敏感性。三是认知教学法，即首先通过掌握句子结构为重点的语言知识去理解所学的内容，并结合具体情况辅以语法翻译法和自觉对比法，从而调动学生对于中西方文化进行交叉对比的客观心态，进而培养学生实际运用英语的语言综合能力，增强学生的跨文化意识。四是融合教学法，即在教学的过程中将文化内容和语言材料有机地结合在一起教学的方法。这里所提到的语言材料可以是教材之内的，也可以是教材之外的材料。这类材料可以是书面文字的材料，也可以是音像、影视的材料。教师在课堂讲解时将文化知识不断地引入和渗透，帮助学生将思想意识逐渐融入学习内容的文化背景之下。通过融合法的教学，可以让学生建立起更为深刻的学习印象，有效地实现英语教学的目标。另外，教师在课堂上的文化输入不可能面面俱到，因此可以通过第二课堂的教学形式使学生在结束第一课堂以后进行与第一课堂相关的文化教学活动。这种实现教与学互动的学习方式一方面可以培养学生的自主学习和创新能力，另一方面可以让学生学到课本上学不到的英语文化知识。比如：教师可为学生推荐一些高质量的课外读物，如英语报刊、杂志、书籍、电影等，从而进一步提高学生的文化底蕴，开阔视野，培养民族情感，提高英语文化知识的实际运用能力。或者是鼓励学生与外籍教师或者外国朋友以当面交流、电话、网络等方式进行口头或书面的交流，使学生能真正体会原汁原味的英语，融入西方文化背景中。同时，教师可以通过课外活动加深学生对英语文化知识的实际运用能力，让学生在具有"信息差"的知识语言环境中参与和体会语言能力和文化能力的重要性，如 English Comer（英语角）、English Presentation C 英语展示）、英语兴趣小组等，创设英语语言环境等。

最后，课文教学结束后，教师和学生都要进行文化退出，即回归到自己本来所属的国家、区域文化中去。多元文化教学不仅只强调教师如何让学生进行文化导入和文化体验，文化退出也是实现多元文化教学的一种良好形式。这种进场、出场身份不同的互换也正印证了《世界高等教育宣言》及《世界文化多样性宣言》中对于多元文化的诠释，即多元文化的相互共存、相互尊重、相互包容。如果在文化后不实现退出，也就违背了文化的多元性。

四、形成科学的大学英语文化教学评价体系

目前我国大学英语学习的评价方式主要是基于最终结果好坏的评价，无论是教师还是家长，就是用学生最后英语考试成绩的结果来评判学生英语学习能力的高低。这种评价方式不仅忽视了学生在学习过程中的主观能动性，而且不易激发学生对英语的兴趣。况且站在英语教师立场上，这种评价机制也不能激发他们对英语教学内容与方式进行改革与探索的积极性。《教学要求》指出："改变教学评价过分强调甄别和选拔的功能，发挥评价促进学生发展、教师提高和改进教学实践的功能。"因此，大学英语文化教学的评价体系要体现多元化的评价主体和多样化的形式，综合"形成性评价"和"终结性评价"两者相结合的方式。

形成性评价就是在多元文化教育理念的倡导下形成的产物。所谓形成性评价，就是"在日常学习过程中对学生的表现、取得的成绩以及所反映出的情感、态度、策略等方面的发展"做出的评价，其目的就是"增强学生的自信心，让其能够获得成就感，并能培养其合作精神，激发学生养成自觉学习的习惯，从而帮助学生有效调控自身的学习过程"。形成性评价包括了多种形式，有学生之间的相互评价、学生的自我评价、教师对学生的评价、教育部门对学生的评价等，它主要通过对学生课内、课外活动的记录，学习档案记录，网上自学记录，访谈和座谈等进行观察、监督和评估，达到促进学生努力学习的目的。

另外，除了在教学评价形式和评价主体上体现多元化外，还应在评价内容上进行调整，增加中英文化知识的考核比重。目前高校的大学生学习英语主要是想

通过考试顺利地拿到学分。但是考试以什么样的形式考查、考到哪些内容在很大程度上决定学生的学习方向。

第四章 传统英语教学存在的弊端

当今世界，国际交流与合作越来越多，信息技术日益成为科技进步的主要标志。中国加入世贸组织，成功申办奥运会，提高我国的国际竞争力，都要求我们在更广、更深的范围内对外开放，以全面、真正的方式逐步适应世界的需要。这表明，更多的中国人将参加国际活动。英语运用能力作为一种必要的国际交流能力，已成为现代人基本素质的要求。随着社会生活的信息化和经济活动的全球化，外语，特别是英语，已经成为中国对外开放和国际交流的重要工具。英语是世界上的一种通用货币。英语课程的开设和学习是一个国家和一个民族发展、开放和走向世界的表现。因此，学习和掌握一门外语，特别是学习和掌握英语，是21世纪公民和世界竞争人才的需要。英语素质和能力也是我国现代化建设中人才的基本素质和能力。近年来，招聘人员开始测试应聘者的实际英语水平，向拥有CET-4和CET-6证书的毕业生添加口头面试链接。事实上，对于具有相同专业水平和能力的大学生来说，英语应用能力的差异导致了科技资源的占有和利用以及高水平的科技合作和交流上的明显差异。因此，英语的实际应用能力直接关系到大学生的未来发展。当前，提高大学生的英语应用能力已刻不容缓。

特别是改革开放以来，英语教学受到了国家和社会的广泛关注。例如，大学英语教学水平已成为评价高校英语教学水平的重要指标。"大学英语教学大纲"和"大学英语应用考试大纲"的颁布和实施，在我国大学英语教学中取得了长足的进步，推动了我国大学英语教学的改革。然而，《大学英语教学大纲》以及《高等学校英语应用能力考试大纲》的颁布和实施，更使我国大学英语教学取得了很大的进步，推动了我国大学英语教学的改革。然而，从《大学英语教学大纲》颁布到现在，尤其令人担忧的是，大学英语教学没有淡化应试教学的色彩，而是朝着"以研究生学习为目标，以大学英语四级、六级为重点，以六点为真理"的方向发展。因此，语言教学未能达到使用语言的目的，英语教学所花费的大量时间与实际效果相差甚远。面对当前英语教学的现状，从事英语教学的专家、学者和教师都对语言的现实生活提出了更高的要求。

第一节　英语教学的基本理论

要分析传统英语教学的弊端，首先要了解英语教学的相关理论。英语教学有许多基本理论，如教学方法理论、英语教育目的理论、英语学习理论、英语教育过程理论等。从语言知识教学的角度可以分为语音教学理论、词汇教学理论、语法教学理论、阅读教学理论、写作教学理论等。以下是一些在教学中常用的基本理论知识。

一、语音教学

心理学家认为口语是首要的，书面语言是口语的书面象征。英语发音是学习英语的第一步，也是整个英语学习的基础。良好的发音，对于以后学习语法，记住单词，发展英语口语，提高听力有很大的帮助。以英语为例，英语发音和拼写有一定的内在联系，语法和某些词类也与发音有关，学习发音有助于拼写和掌握语法。发音与阅读速度有关。如果发音不好，阅读就会口吃，阅读就会受到影响。总之，学习英语发音对学好英语起着非常重要的作用。

语音教学的范围包括：字母和音素的发音、语音规律、语音组合、音素转换、音节、重音、语调等。对于高水平的英语学习者，尤其是专业英语学习者，不仅要有正确流畅的语音语调，而且要掌握一定的语音理论知识。

第一是有效的引导和示范，以便于学生观察和模仿；第二是实践；第三是反馈和纠正。在英语语音教学中，首先要强调模仿。在英语教学中，语音教学方法分为直接模仿法和分析模仿法。直接模仿主要指简单的模仿，即没有任何解释的模仿。为了分析模仿原理，教师应该解释音素的发音位置和发音方法，以便学习者能够有意识地模仿它。模仿对于学习发音非常重要。同时，要学习语音继续练习，通过及时反馈和纠正错误巩固发音。

二、词汇教学

语言的基本材料是词汇。没有语言材料，就很难组织语音和语法教学。学习英语必须掌握一定的词汇，无论是小学生还是大学生，学习英语都是这样。

不同年龄、不同层次的英语学习者在词汇教学中应采取不同的教学方法。对于英语初学者来说，我们应该从口语开始，因为只有学生掌握了发音，才能听，能说，能更快地学习书面语言。如果学生听不懂单词的发音，或者其他人不懂的话，记住更多的单词就不会在口语交流中发挥作用。同时，如果单词的发音正确，也有助于书面语的研究。

获取一个词的具体要求是多方面的。他们应该基本能够正确发音，包括正确掌握重音和语调，熟悉词语的形态变化和搭配，理解单词的基本含义和具体含义，并能在翻译和口译中自由使用。这正是英语教学中词汇掌握的要求。这些要求不可能在一个单一的研究中实现，总是通过多次接触、反复认识、再生产，逐渐更全面、更熟练地掌握单词的各个方面的特点。

三、语法教学

语言是人类最重要的交流工具。语言之所以能成为如此便捷的交流工具，是因为它的系统性。系统的反映是它具有高度的规律性。语法规则是语言的主要组成部分，也是语言成为语言的基本条件之一。教育的首要功能是传授现有的知识。把它应用到外语教学中，就是教学生语法知识，这样才能在阅读和理解实际语言的过程中节省大量的时间。教育的第二个功能是培养学习者的社会能力，使他们成为合格的社会成员，并胜任自己的社会角色。语言教学就是教他们如何正确地运用适当的语言形式来完成一些社会任务。教育的第三个功能是培养学习者的个人素质和能力。它体现在语言教学中，遵循个人语言能力的自然发展过程，尽可能提供适当的自然环境，使其语言习惯和能力形成于自然过程中。研究表明，人类具有不同于其他动物的特殊语言能力，尤其是在语言识别、语法规则推理和联想等方面。这种对语法的敏感性和认知能力是迅速掌握自然语言的重要因素。然而，这并不意味着语法可以在不被教授的情况下自然习得，一些以英语为母语的人在成年后往往无法掌握英语的语法结构。

长期以来，语法和词汇一直被认为是语言知识，与听、说、读、写四项技能无关。这种把语法视为静态知识的观点是错误的。语法教学的目的是使学生能够运用语法来实现交际。语法学习需要实践才能达到熟练的目的。更重要的是，语法学习是一个认知过程，是一个不时进行中介语重建的过程。简单地解释正确的规则，盲目地实践并不能有效、完美地实现目标。有些人把学生的交际能力差归咎于语法学习，这是不公平的。交际能力差的原因有很多，如英语口语训练时间过少、学习者接触英语口语的机会不足、英语学习者自身内向、教师英语水平不高等。事实上，良好的语法知识有助于提高交际能力。语法能力是学生交际能力的必要条件。交际能力是由多种能力构成的有机整体，其中语言能力是交际能力的组成部分，语言能力主要体现在语法能力上。语法能力有助于学习者理解和创造口头或书面语篇。语法能力与交际能力的关系是"知"与"行"之间的关系。各种形式的有目的活动为获得语法能力提供了机会和条件，语法能力的获得可以促进交际活动的发展，有利于交际能力的培养和发展。此外，语法能力还可以帮助学生在解码过程中处理句子结构、建立命题和表达意义。

四、阅读教学

在教学中，阅读教学一直被认为是最重要的部分。无论是在英语专业教学中，还是在大学英语教学中，阅读课都占有很大的比重，尤其是英语专业的学生。除精读、泛读和课外快速阅读外，还选读了文学、报刊等学科。英语阅读教学的重要性与英语教学的最终目标密切相关。交际功能是语言最基本的社会功能，即语言是一种交际工具，英语教学的最终目的是培养学生的书面或口头交际能力。交际能力是通过语言获取和传递信息的能力。人的交际能力有两种：表层交际能力和深层交际能力。表面交际能力是指日常生活中的交际能力，深层交际能力是指在文化、精神、思想、科技等方面的交际能力。英语书面语记录了人类历史上文明的丰富、智慧的结晶、现代文化的发展和科学技术的成果。这些方面的信息需要阅读，以了解和学习。在知识爆炸的今天，各种书刊的数量增加了好几倍，文字和信息都来自来源。因此，学习和工作对阅读技能的要求越来越高。英语阅读教学是通过培养学生吸收书面信息，即通过阅读认知、阅读理解、阅读技能来获得综合阅读能力。阅读在综合分析、记忆、判断、推理、评价、欣赏等智力活动中获得阅读能力。因此，阅读教学是培养英语深层交际能力、实现英语教学最终目标的中心环节。

阅读教学之所以重要，是因为它能促进学生思维能力的发展。现代心理语言学研究表明，阅读是一个复杂的心理语言活动过程。作者用文字来表达自己的思想，读者通过心理活动和语言活动来理解作者的原意。但是，读者和作者之间的交流并不是纯粹的语言活动，因为语言只是读者和作者之间进行交流的工具。事实上，读者的心理过程包括经验阶段、预测阶段、验证阶段、肯定阶段或修正阶段，所有这些阶段都渗透到读者的思维活动中。因此，厄里斯不仅可以测试读者的思维能力，而且可以帮助培养读者的思维能力。通过阅读训练，学生不仅克服了语言障碍，而且培养了思维能力。思维能力的发展反过来又促进了阅读能力的提高。

五、写作教学

当今世界，以信息技术为标志的科技进步日新月异，高科技成果转化为现实生产力的速度越来越快。知识经济的兴起标志着人类经济生活将发生新的、巨大的变化。国际交流将大大增加。所有这些都要求学生有较高的英语水平，能熟练地用英语写作。为使学生能够以合理的课文布局、正确的句子结构、正确的用词、可读性和丰富的内容，进行英语作文教学。我们必须把握好单句、连句、段落结合、复句的四个关键环节。

通过上述四个阶段的教学，学生可以从最基本、最简单的句子过渡到复杂的英语句子，使学生能够熟练地掌握英语句子的框架结构。为了不自觉，轻松愉快地写地道的英文文章。同时，学生也会觉得，只要按照老师规定的步骤认真练习，英语作文就更容易学习，从而增强了学生的信心，很快就会用英语写作。从而增强学习动机。这样，随着难度的加深，将学习到更先进的词汇和句法结构。教师仍然可以引导学生用同样的方式写出更复杂的句子，并最终说明文章的一些主要部分的形成要求。选择一些模型文章进行分析和解释。对于那些已经掌握了坚实的句法和段落基础的学生，以及他们在阅读过程中所掌握的优美而深刻的词汇，写一篇高水平的文章是很自然的。

六、英语教学的组织形式

英语教学的主要组织形式是课堂教学，除了课外活动、辅导等辅助形式。

英语课堂教学不断寻求改革，其主要趋势有三：个性化（如小班、第二课堂、不同的语言实验室），从严格控制传统教学到自由活动，从严肃到活泼，从语言中心到主题活动。也就是说，通过问题解决、行为、自我发现、讨论等方式进行教学活动，使学生能够自由地学习英语。

课外活动有多种形式，包括集会活动（如讲故事、戏剧表演、分享经验等）、竞赛活动、团体活动和各种游戏。

翻译认知方法注重知识的训练和理解，有利于学生的智力发展。它的缺点是忽视了口语教学，不利于学生交际能力的培养。直接法、听说法、视听法和功能法更注重听说能力的培养，有利于学生口语交际能力的培养。其缺点是忽视了读写教学，不利于学生语言能力的全面提高。

第二节 英语教学现状

一、英语水平现状

英语是中国学校教育中最长、最长的一门学科。从小学到大学，再到硕士和博士研究生，学生们投入了大量的时间和精力来学习英语，特别是自大学英语四级和六级考试蓬勃发展以来，大学英语教学受到了前所未有的重视。大学英语教学条件和设施也有了很大的改善，学校领导、教师和学生都做出了很大的努力。但似乎价格与收到的结果不相称，"哑巴英语""聋人英语"帽子一直戴在学生的头上，英语学习并没有真正达到学习语言的目的。许多年来，学生们害怕提问，不敢开口，已经习惯了中学教师的"武断"教学模式。老师一直在说话，学生们一直在听，记笔记，背诵单词，在书后面做作业。教师不能实施启发式教学，学生难以接受启发式和参与式教学。教师们忙于教学的进展，厌倦了应付 CET-4 和 CET-6.他们总是认为课堂时间太短，不能让学生说话。大学英语教学的任何改革手段都没有时间去尝试，只能"充满空间"。目前，大多数学生学习英语只是为了应付大学英语四级和六级考试.当他们通过考试时，他们就把英语抛在脑后，到他们毕业时，他们的英语水平将大大下降。许多学生持有大学英语四级或六级证书.听、说、写的能力很差。结果，中学学习大学英语的成本都消失了。这真的是对青春的极大浪费，真是悲哀和无奈！这是我国大多数大学英语学习的现状。正如一位研究生坦率地说："我很惭愧地提到英语。我已经通过了四级、六级和研究生英语考试，每个人都努力学习英语，但这也是最可悲的。"12年的英语课是一种模式：老师说得很仔细，语法，我们仔细记笔记，全班都拼命寻找做习题的规则，标准化的试题是一个很好的机会。我学了12年英语，画了12年'V'。"与这位研究生类似，大多数学生都非常重视英语学习，甚至一进大学就把专业放在第二位。背诵语法，垫子试题，"腰带逐渐变宽"仍然忧心忡忡；张嘴不懂，不使用，"职业竞争"重新开始。对于用英语学习多年甚至更多的学生来说，每天的努力与实际产出是不成比例的。

二、公共英语教学现状

长期以来，人们对英语学习的理解和态度发生了巨大的变化。20世纪上半叶，我国一些大城市的教会学校采用英语进行多学科教学，为学生的听说读写能力奠定了坚实的基础。新中国成立后，许多学生出国留学，回国后，成为中国各学科的奠基人。从20世纪50年代到改革开放前，大量的学生被派去学习俄语，英语教学大大减少。改革开放以来，社会掀起了学习英语的浪潮，英语教育受到了重视。然而，长期积累的各种事业并不容易解决，英语教学也不例外.改革开放后，由于缺乏合格的英语教师，大多数中小学教师只能采用传统的翻译和灌输教学模式。根据语言学习规律，年龄越小，学习语言技能的效率越高。但是我们的财力资源不足，大部分小学英语课不能开课，到初中英语班已经有些晚了，但教师和语音设备跟不上。当然，近年来情况有所改善，但它们无法从根本上扭转传统英语教学的大局。大学英语教学是以中学英语教学为基础的。经过六年的中学学习，这种教学模式已经渗透到了学生的心中，成年人要改变这些年来养成的习惯是不容易的。此外，CET 4 和 CET 6 不采用英语口语，听力成绩也不高。教师和学生都忙于考试的进展，很少有时间进行语言练习。目前，英语总体水平还不高，听、说、读、写能力不强，尤其是听、说、写能力不强。许多学生学哑巴英语。在大学英语教学中，"多时间少利"的弊端，以及大学、中小学之间严重的脱节，使英语教学远未达到预期的效果。

面对当前外语教学的现状，专家学者们纷纷呼吁外语教学要活下去。有些人把今天的英语教学比作一壶十年多没煮过的温水。为什么会发生这种事？中国人民大学英语教学50年的研究生詹辛孙教授认为，原因是多方面的。教学方法陈旧、教材陈旧、教师水平参差不齐、相关部门的政策等都是影响英语教学质量的重要因素。英语教学有其特殊性，对不同层次的学生使用统一的教材和统一的考试是不合理和不科学的。詹教授说。大学英语教学的目标是培养学生的语言运用能力。由于中文和英文不在同一语文系，我们在学习英语方面有困难。同时，我们自己的语言环境和办学条件也是不同的。热身和沸腾数百万学生的英语水平是不容易的。因此，笔者对当前大学英语教学方法、教材、教师、教学管理等方面进行了分析，总结了当前大学英语面临的挑战和压力。

1.教学方法

目前的教学模式仍然是黑板、粉笔、书籍、教师加教室，一些教师也使用了一些多媒体技术，但整体教学模式没有改变。由于班里学生很多，有的学校甚至在大班里有200-300名学生。这样一个大的班级只能由老师教语法和翻译，然后关于课文和一些写作练习给学生。事实上，英语口语教学是不可能的。然而，这种教学模式已有一百多年的历史。这似乎很难改变。随着学生数量的增加，"师生比"越来越小，每个班级的学生人数也在增加。其结果是教学方法越来越传统，进入了恶性循环的状态。教师如何照顾不同类型的学生？有些学生可能来自农村，有些学生来自大城市，他们的英语基础太不一样了。如果我们要照顾贫困学生，教师就不能满足基础良好的学生的学习要求，导致教学质量下降。这种恶性循环还导致学生学习兴趣下降。事实上，在大学里，公共英语是最多的。如果学生没有足够的学习动力，他们只是为了获得学分而去上课，甚至在课堂上睡觉，在考试前翻过书来应付考试。有什么意义？

掌握语言技能是一个不断应用和提高的过程。即使你学到了很多，如果你不使用它，你很快就会忘记。大多数学生英语学习不好是因为缺乏英语环境。事实上，学生英语交际能力的培养也是一个习惯培养的过程。养成一种习惯不仅是在课堂上学习一条条线，而且要长期不懈地学习、使用，需要积极、自觉地实践。

2.教材

目前，我国的外语教学模式在一定程度上受到教材的制约，教材的编写受到大纲附带词汇的限制。目前的大学英语词汇是在对原理工科和文理科两个教学大纲进行调整后产生的新词汇（以下简称"词汇"）。然而，词汇并没有充分考虑到学生在离校后吸收先进科技信息、阅读和参与对外交流的需要。适用于所有专业的现有"共同核语言"仍在低层次重复使用。根据相关数据分析，我国中学生的词汇量为800~1000，大学生（非英语专业）的词汇量为4000~5000。但也有非英语国家，日本的需求分别为5900和15000，俄罗斯分别为9000和15500.相比之下，差距很大。在大学英语教学大纲要求的4200个单词中，实际上有1800个是重复的中学单词。许多简单的单词，如父亲，母亲，狗仍然出现在大学课本的词汇中。大学英语词汇与中学词汇相比应该是全新的，至少在解释上，应该在中学词汇的基础上加以扩展和扩展。

词汇是选择外语教学内容和编写教材的基础，是外语教学的"联络图"。大学英语教学中的词汇应该根据我国的实际情况和我国大学生学习英语的主要目的而编制。笔者认为，当前我国大学生英语学习的主要目的应该是满足及时了解国外最先进的科技信息和参与对外交流的需要。大学英语教学的内容不仅要考虑传统经典，还要从人文和科学两个方面丰富现代英语的内容。

我们认为目前的教学内容不适合非英语专业的学生.目前，大学英语教材的编写和内容选择基本上遵循了英美文学教材中外语专业教材的编写思路。同时，学生从教科书中学到的东西也与现代英语相去甚远。与上一次修订相比，最新的"大学英语"修订版包含114卷精读教科书。一份案文尚未更新，但已对演习进行了一些修正。

3.检测方法

为了测试学生的英语水平，每年都有各种各样的英语考试，包括托福考试和GRE考试。还有一些由全国大学英语考试委员会设计和组织的最著名的大学英语四级和六级考试。CET-4和CET-6主要关注的是教学大纲规定的学生对英语单词和语法的掌握。这对提高大学生的英语水平和能力做出了巨大的贡献。它无疑促进了我们的英语学习，使我们的英语教学走上了正确的轨道。然而，CET-4和CET-6的制度化也有一些负面影响.CET-4和CET-6不足以测试学生的英语实践能力，这在一定程度上促进了应试教育的氛围。教师们对"通过率"很担心。一些学校教师注重追求"及格率"和应付考试。学生们紧紧抓住所谓的大纲词汇，似乎已经掌握了大纲词汇，这就是掌握英语。这客观上降低了对学生英语应用能力的要求，许多学生为了考试的目的而学习。

大学外语教学不能总是让学生读故事或政治文章，然后总是"钩"，从小学到大学，甚至研究生也仍然是"钩"。在"钩"等考试成绩下，学生的基本技能和能力与用人单位对人才英语素质的要求相差甚远。

《光明日报》等报道明确指出，教育部从来没有谈过把四级和六级与学位挂钩的问题，有些学校在实施过程中可能偏离了方向。过分注意考试的结果。其结果是，正如一些学生所说，他们学了那么多单词和语法，但他们不能使用、理解、说或真正掌握使用语言的技能。不要真正理解把简单的英语单词组合成一种语言的真正含义。

4.教师

近年来，高等教育入学率以每年约8%的速度发展。在这种情况下，外语教师的短缺是不可避免的。目前，高校公共英语教师的教学任务十分繁重，普遍超载。在一些大学，包括一些重点大学，也为研究生开设公共英语课程。就英语教师的工作量而言，每周至少12个课时，以及备课、设计教学、批改作文和课后回答问题，使教师失去了大量的自学时间。没有足够的时间进行专业研究和开发。具有较高科研水平的教师仍需编写教科书和撰写论文。作为一名教师，很难获得专业学习和休息调整的机会。在这种情况下，在英语教师门槛越来越低的情况下，许多高校不得不招聘英语本科毕业生为教师。这就使得公共英语教师的教学水平参差不齐。许多教师在发音、语法、文化素养、教学方法等方面都需要倾听。

大学公共英语经常面临着不同层次的学生，教学往往只能从零开始，给人的印象是教学内容肤浅，教学要求低；教师付出的工作量大，但教学效果往往不高。这在一定程度上也影响了教师队伍的稳定。

5.教育管理

从政府宏观管理的角度，中央有关领导对英语教学改革作出了许多特殊的指示，教育部的主要领导多次指示我们大力推进基于计算机和网络技术的公共英语教学改革。应该说，这些指导为大学英语教学改革指明了方向。从学校教学管理的微观层面看，大学校长和教育行政部门基本认识到公共英语教学改革的重要性，决心大力推进公共英语教学改革。人们一致认为，大学生英语水平是衡量大学水平的重要标志之一。要提高本科学生的英语水平，就必须建立一所一流的大学和一所高水平的大学。目前，许多学校都在积极制定促进公共英语教学改革的措施。

然而，教师教学过于谨慎，语法考试等内容过于严格，课程体系和课程设计都是一成不变的，难以满足学生个性化学习的需要。

第三节　语言学习和习得

一、基本概念

在讨论语言学习和习得理论之前，我们首先定义了几个基本概念：第一语言、第二语言、外语、语言学习和语言习得。

第一语言是一种人从小就从父母或环境中自然学习的语言，用于交际目的，即母语或母语。然而，在多民族国家或地区，每个民族都有自己的语言，在这种复杂的"语言接触"环境下，人们往往不得不学习一种非母语进行交流，这是第二语言。外语也是一种非母语.在使用它作为外语的国家或地区，通常没有使用它的环境。对于吉林省延边的朝鲜族来说，朝鲜语是他们的第一语言，汉语是他们的第二语言，英语或日语是一门外语。

心理语言学认为，每个人的第一语言都是在他们一岁半到六岁之间的环境中自然习得的，这就是语言习得。语言习得不需要经过正式的课堂学习，也不受儿童智力发展的限制，但人们普遍认为，语言习得在九岁到十三岁以上是一个很难习得第一语言的关键时期。大多数第二语言和外语是在孩子习得第一语言之后才学会的。一般要求在正式场合（如学校教室）进行，而不像第一语言的习得，即所谓的语言学习。有些人认为，如果超过13岁左右的敏感阶段，语言学习就会很困难。例如，对于延边的朝鲜族学生来说，韩语是通过语言习得获得的，而英语一般是通过语言学习获得的。这是因为延边的交流语言是朝鲜语和汉语。不讲英语。一些韩国儿童的汉语也是通过语言习得和韩语同时习得的。

二、语言习得理论

在语言习得方面，心理语言学家提出了各种各样的解释，形成了不同派别之间激烈争论的局面，主要有以下几种观点。

1.机制强化理论

以布卢姆（Bloom）和斯金纳（Skinner）为代表的"强化"理论或刺激-反应理论认为，解释言语行为最合适的模型是刺激-反应理论，尤其是器质性条件反射理论。他们认为学习单词只不过是对环境或成年人的语言的适当反应。如果反应是正确的，成年人会给予他们物质或语言上的鼓励和加强，从而形成一种语言习惯。

然而，"强化"理论不能完全解释儿童的语言习得。在对语言习得的解释上存在许多漏洞。如果不需要加强以获得一种语言，母亲很少在儿童与母亲之间的对话中回应或鼓励儿童的每一个字。更重要的是，母亲往往关心话语的内容而不是话语的结构，所以即使母亲给予鼓励，也不一定因为孩子们使用正确的句子结构。第二，语言习得不必依赖于模仿。刺激主义者和公众普遍认为儿童通过模仿成人语言来学习单词，但儿童学习中的一些常见现象很难用模仿来解释。在儿童学习词汇的过程中，强化起着一定的作用。模仿也是孩子们锻炼自己语言能力的一种手段，但这并不是唯一的手段。随着他们使用语言能力的提高，模仿的作用变得越来越弱。

2.机构的"传递"

根据传播理论，每个反应可分为两部分。第一部分是外部的、可见对刺激的反应，如一场房屋火灾，一些人在逃命，有些人在救火。第二部分是一种内在的、无形的反应，如一种危险的火灾感，可以称为一种传递性的反应。转移理论认为，通过在刺激和反应之间增加传递性反应和传递性刺激的内在顺序，可以解释一些不能用刺激—反应理论解释的问题。总之，刺激和反应理论将词语等同于词的客体，而传递理论则试图在它们之间架起一座桥梁，即传递反应。例如，Tom这个名字之所以有趣，是因为它与人Tom有关，而Tom在认识他的人中引起了一种反应，包括Tom这个名字（"传递性反应"）。从那以后，Tom这个词一直与汤姆的人联系在一起；即使汤姆不在场，说Tom这个名字的人也会引起认识他的人的反应。

"传递"理论对语言习得的解释也存在许多漏洞。"传递"理论并没有深入到句子的本质中，而只是看到了它的表面联系，而传递性的反应并不一定是直接在刺激作用下产生的。例如，许多人在看到小偷之前就从间接的经验中知道了什么是小偷。同样，传递性反应不一定会成为内在刺激并引发新的反应。

3.灵魂论的"内在"论

乔姆斯基（Chomsky）认为，儿童与生俱来就具有一种适合语言学习的独特的人类知识，这体现在语言习得机制上。"内在"理论认为，儿童要获得语言，就必须"内化"语言规则。语言习得是一种特殊的语言学习机制，它独立于人类的其他功能之外，甚至与智力的发展没有直接的联系。"内部"理论认为，环境是促进语言习得的前提，但儿童需要获得的语言知识不能仅仅通过与环境的接触而获得。

乔姆斯基的语言习得理论对语言习得理论的研究起到了重要的推动作用。然而，"内部"理论却引起了激烈的争议，各方的观点也远未达成一致。

4.认知理论

无论是机制还是精神论，都不能为儿童语言习得提供令人满意的解释，这主要是因为这两个学派的极端性。前者把一个新生婴儿当作一个奇怪的泥块，在等待的环境中移动。后者认为这是一个具有未来发展蓝图的复杂机制。因此，两派争论中出现了一种新的观点，即儿童的语言发展是自然能力与客观经验相互作用的结果，可以称之为互动理论。这一观点的支持者以皮亚杰（Piaget）的"认知"理论为理论基础。

Piaget主要考察语言在儿童认知能力发展中的作用。他认为语言不能包括所有的认知能力，它不能决定认知能力的发展，而只能反映认知能力的发展。语言的使用与认知能力中符号功能的发展有关。皮亚杰发现，语言能力的发展不能先于认知能力的发展。儿童模仿成人言语是以自己的认知发展为立足点。

在儿童习得语言的先天能力方面,"内在"理论认为儿童有一种特殊语言习得的自然机制,而"认知"理论则认为儿童只有一些先天的认知能力。使他能够获得广泛的知识和技能,包括语言和语言技能。在处理语言与思维的关系时,内部理论认为语言结构是一系列规则,它的发展有其自身的规律,不受认知功能的影响。认知理论认为认知和思维是决定语言发展的基本功能。Piaget认为语言是在行动和形象的基础上发展起来的。儿童的行动和语言具有相同的象征功能,但语言能力已经发展成为取代行动的一种更灵活的思维工具。在对语言的态度上,"内在"理论只关注语言的结构,而忽略了其表现经验的功能,而"认知"理论则认为儿童的语言能力是其认知能力的直接反映。然而,语言能力的发展也促进了认知能力的发展。

Piaget心理学之所以对儿童语言感兴趣,是因为它反映了儿童的世界观,可以作为认知发展的标志。Piaget的语言习得理论不是一个自成一体的语言习得理论,它没有回答语言习得中的许多问题。

第四节　传统英语教学中存在的弊端

在了解了上述英语教学理论和教学方法后,结合我国英语教学的现状,探讨了传统英语教学中存在的一些典型问题。

一、忽视传统英语教学

1.传统英语教学忽视了语言的表达功能

众所周知,语言有两个系统的表达形式和表达功能。传统教学过于注重语言表达的形式,忽视了语言表达的功能。传统的英语教学一般遵循"生词-文本-语法-实践"的教学过程。教师和学生都过于注重形式。大多数教师都是逐字逐句地解释词句的含义,过多地教授词汇、句法和语法。学生的主要课堂活动是听、记忆/这种程序可以帮助学生打下坚实的语言基础,但我们的学生已经记住了许多规则,记住了许多单词,但不知道如何使用它们。甚至有很多学生已经学了七、八年英语,即使是几个简单的对话也不能清楚地表达出来。这就像完成一门运动生理学课程,而不是成为一名运动员。世界著名的英语语言专家亚历山大曾经被问到这样一个问题:"定语从句和附加从句有什么区别?""知道不同并不能提高你的英语水平,"他回答道。这种消极判断表明了语言表达功能的重要性。根据之前的消息来源,在52个国家中,中国学生的英语水平排名第48位。我国也有一些外援学生非常害怕接电话,不敢参加研讨会。这些实例表明,我国传统的"语法专家"教学不仅存在"哑巴英语",而且还有"哑巴英语"的弊端。时间长,效益低。文化背景相同或相似的新加坡、中国香港、澳门、台湾等地的学生，虽然在语言、语法、词汇等方面比中国大陆学生差很多，但却一再说，一遍又一遍地练习，不怕犯错误。第二，不要怕别人开玩笑，不要过多地问为什么。这种含蓄的形式在"说句，算句"的功能上使他们很快尝到了学习的好处。

"哑巴英语""聋子英语"较为普遍。《大学英语教学大纲》对大学英语的教学目的提出了明确的要求："培养学生具有较强的阅读能力和一定的听、说、写、译能力，使他们能够用英语交流信息。"然而，事实上，很多大学生都不善于使用英语，尤其是在听、说方面，甚至他们的日常交际也很难应付。正如一位大学生所说："外国人可能没有我说的那么多，但我不会。"经过十年的外语学习，我仍然是个聋子和哑巴。

英语学习"费时低效"是显而易见的。作为一门普通的课程，大学英语通常在大一和大二学生中提供，每周有四个或更多的时间，总共有240-280个小时，为期两年。为了通过CET-4和CET-6，英语几乎占据了所有的业余时间。专家估计，在大学生活的头两年里，许多大学生花费了将近50%的时间和精力在外语学习上。然而，效果并不令人满意。

综上所述，传统的英语教学忽视了语言的表达功能。大学英语教学大纲规定："语言教学的最终目标是培养学生的书面或口头交流能力。"特别是当今社会是信息社会，而英语作为获取外部信息的主要语言工具，应特别注意其主要功能。

2.传统英语教学忽视了学生的主体作用

长期以来，公共英语教学一直采用"教师为本"的原则，忽视了学生的主体作用。由于教师认真备课，讲课内容丰富而有组织，是衡量教学好坏的一种手段，教师的讲解在课堂上占据了主要时间，没有为学生的实践提供足够的机会。使学生成为语言知识的消极接受者。事实上，英语学习的首要任务是"学习"，而不是"教"。

英语不同于其他基础学科，它是一门实践性的课程，它的语言技能需要通过个体实践来培养和提高，因此它的教学效果应该以学生的学习效果为基础。学习的效果在很大程度上取决于学生的主动性和参与度。认知理论认为，英语学习的过程是新语言知识的不断整合和语言能力从理论知识向自动应用能力的转变。这种结合和转变必须通过学生自身的活动来实现。

因此，课堂教学必须以学生为中心，但这并不意味着取消教师的角色。相反，教师的作用更重要，因为教师必须充分调动学生的积极性，有效地组织以学生为中心的生动的课堂活动，及时发现他们的困难。帮助他们，成为他们学习的向导。换句话说，教师充当组织者、管理者、激励者、合作者和提问者。这样，克服了传统的以教师为中心的教学所培养的被动性、依赖性、盲目性和机械化的弊端，使学生成为真正的学习大师。

3.传统英语教学忽视了学生语言学习兴趣的培养

传统的英语教学也忽视了学生语言学习兴趣的培养。无聊的勺子喂食教学，千言万语，杂乱无章的语法规则让学生害怕，更不用说兴趣了。而现在的学生们正处于大学英语四级和六级考试的压力下，无法呼吸，厌倦了应付，整天埋没在大海的话题中无法逃脱。我不知道这种"规定型文字"，是一个不张口不写笔，把血肉和活生生的语言肢解成"官能"的人写的，彼此没有联系，在现实生活中也不存在。学生们认为语言学习是一项任务，是一种沉重的负担（负担），而不是一种需要和享受（享受），而英语变成了一个令人厌恶的、不可接近的怪物。这样，就谈不上语言学了。

如何将刻苦学习转化为音乐学习，学会快乐、快乐和乐于学习？例如，在"爱"的过程中，让学生听英语歌曲"泰坦尼克号"主题曲，然后再听爱情主题曲，这两者都是关于爱情的经典歌曲。优美的旋律，流行的歌词同时激发了学生们的热情和兴趣，许多学生也跟着他们一起唱歌。然后让学生以爱为主题进行小组讨论，每一组以英语向全班报告讨论结果，老师不断提问，全班不断地笑，学生们表现出浓厚的兴趣，课堂生动活泼。学生不自觉地学会表达和思考。更重要的是，学生对学习英语有强烈的兴趣，他们想学习，他们热爱学习，他们学习技巧。这只是如何调动学生兴趣的一个例子。只要学生有兴趣，它就为学好语言提供了先决条件。

二、"应试教育"模式制约着英语教学的发展

传统英语教学模式的基本目标之一是应试教育。应试教育与素质教育的重要区别之一是"考试观"的差异。考试本身具有两大功能，即评价功能和选择功能。在"应试教育"的影响下，人们只重视考试的选择功能，学校和教师都会因为"考试"而得到清晰、及时的评价。在大学英语教学中，这主要体现在CET-4和CET-6已成为大学英语教学的接力棒，及格率已成为衡量学校和教师素质的主要标准。这进一步强化了CET-4和CET-6的应试特点，在改进大学英语教学中失去了应有的作用，提高英语运用能力的目标也没有实现。事实上，语言学习需要更多的听、说、读、写，尤其是更多的记忆。语法知识固然重要，但更重要的是通过学习一门外语来获得一种语感，而这种语言与背诵是分不开的。背诵，学习外语的"中坚力量"。而CET-4和CET-6的标准化测试方法是让学生做多项选择题。为了应付考试，教师们大部分时间都花在课堂上详细讲解语法和词汇，而学生们大部分时间都在做大量的模拟问题。在英语学习过程中，学生追求的是标准和唯一的答案，认为课堂讨论和交流不能提供准确的答案，进而在心理上排斥交际活

动，过于依赖教师的解释。结果，学生逐渐丧失了思考、提问和创新的能力，导致学生考试导向能力强，而交际质量却很低。

单调是中国传统英语教学模式的显著特点。这种传统的教学方式严重制约了英语教学的积极性。目前，我国的英语课堂教学已经形成了以教师为中心和以教学为中心的固定模式。因此，教师习惯性地采用以教学、单向、非交际为中心的"全厅灌溉"教学方法，使本应生动活泼的学习过程变得死气沉沉。它也使学生充满想象力和创造性的欲望变得迟钝和封闭。在这种僵化、单一的教学模式中，学生不能理解老师的话，课堂教学不能相互作用，学生的交际能力不能得到有效的培养。在这种教学模式下，一本教材经过几轮教学实践，对于教师来说，没有新的意义，教学过程简单重复，缺乏创造性。对于学生来说，由于处于被动地位，接受知识的过程显得单调，课堂学习的效率极低。

三、大学英语教学与中小学英语教学脱节。

在传统的英语教学模式中，中小学英语教学与大学英语教学的脱节直接导致了大学英语教学的费时低效。大学、中小学英语教学各阶段之间的脱节是制约我国英语教学效果的重要因素。现在城市或发达地区的小学已经开始从三年级开始学习英语，甚至在偏远的农村地区，一年级的初中也开始学习英语。当这些学生进入大学，他们已经学了六年或更多的英语，他们应该有一定的英语能力和基础。根据中学英语教学大纲的要求，他们应该在中学阶段学习80%的语法现象。大学阶段应该是一个应用和改进的阶段，如果。在大量词汇的支持下，大学英语教学中的许多时间都可以用来培养学生的语言运用能力，不需要花费大量的时间在基本语言知识的解释和实践上。但实际上不是。目前，大学英语和中学英语教学大纲是分开制定的，各个阶段的教学目标和要求脱节，导致教学内容的重复和教学内容的不合理分配。例如，一所中学有900多个小时的学习时间，为期六年的英语学习。它的词汇量在1600到1800，平均每节课要掌握的新词少于两个，而CET-1到4则需要大约2400个单词被掌握。学校只有240-280个课时，平均每个课时8-10个小时.应该说，中学生的记忆比大学的好，但在高中，只需要一小部分记忆所需的单词，这就把学习英语的繁重任务推到了大学阶段。因此，大学英语教学的起点偏低。学生要忙于学习专业，还要花费大量的时间和精力学习基础英语，这势必导致英语不能满足实际使用的要求，造成教学资源和时间的浪费。

四、传统英语教学忽视了语言教学中的文化渗透。

英语教学的任务是培养学生的英语语言能力，培养学生的文化能力，使他们成为具有跨语言和跨文化交际能力的人才。因此，在英语教学实践中，有必要引入跨文化交际的理论和方法，以解决不同文化冲突在交际中所造成的障碍。这样，不仅有利于促进文化在语言教学中的传播，而且有利于提高英语教学效果，丰富学生的文化内涵，提高学生跨文化交际意识的英语交际能力。减少文化差异造成的交际错误。

创造最有意义、最伟大的职业完成形式，可以表达所有可以交流的经验。

在文化之外，语言只是一个空洞的外壳。另一方面，语言是文化的载体，是文化的容器。只有通过学习语言，人们才能理解和掌握前人积累的整个文化。从这个意义上讲，语言习得过程也是文化习得的过程。因此，生活在语言环境中的人们自然会继承语言各个层次的文化，同时也会受到文化因素的影响，使思维和行为受到文化因素的影响。因此，语言是文化交流和传播的主要方式。

交际离不开语言，交际离不开文化。语言是文化的载体，交际是文化的表达。交际行为发生在社会交往中，它必然受到许多社会因素的影响和制约，其中文化因素就是其中之一。人们从自己的环境中学习交际，是在无意识中通过自己的文化获得交际方法，人们的认知角色和行为大多是文化的产物。因此，人们说话的方式、他们谈论的话题、他们关注什么、忽视什么、如何思考某个问题等等，都受到文化的强烈制约。另一方面，人类文化是通过交往发展起来的，交往行为本身就形成了一种文化特征。人们继承和学习的文化是通过交流代代相传的。交际承担着一种文化承担者的任务，交际行为是由于文化而形成的，并受到文化的制约。因此，可以说文化就是沟通，沟通是文化，两者之间的互动是不可分割的。当使用同一种语言的人们对不同层次的文化有了统一的理解时，双方就更容易达到沟通的目的。然而，不同种族和文化背景的人并不那么容易交流。如果一方不重视在不同层次上学习对方的文化，不了解对方的生活方式、价值观和行为准则，必然会在不同的文化层次上发生文化冲突和误解。跨文化交际会遇到障碍。因此，作为第二语言学习者，我们必须重视和加强对外语学习中文化因素的理解。

传统的语言教学思想认为，文化只是语言传递的信息，而不是语言本身的特征。基于这一认识，文化被视为与语言分离的教育目标。在这一思想的指导下，人们倾向于重视语言能力的培养，忽视文化素质教育。其结果是，虽然学生具有一定的语言能力，即掌握语法知识，词汇量大，但这种能力的发挥受到文化知识缺乏的制约，往往导致交际中的文化障碍。更严重的可能会导致"文化休克"或"文化失语症"。

1.忽视表层文化差异

文化受历史传统和地理环境的影响。在世世代代的过程中，每个民族都积累了独特的民族文化，形成了丰富多彩的世界多元文化。表层文化可以最直接地用一种语言的词汇来表达。由于汉语和其他语言都有自己的语素和语义结构，即使概念有相同的含义，在内涵和用法上也有很大的差异，但同一概念的表层文化却是不同的。例如，中国人视"龙"为吉祥之神，拥有不可思议的力量，因而成为至高无上皇帝的象征，甚至视之为光明的未来。但是英美人认为龙是一个喷出烟和火的凶猛怪物。在汉语中，有些词随着时间和空间的变化而有不同的理解。如"龟"在中国古代是长寿的象征，但在今天的吉祥意义上已不复存在，但在日本其他国家，早期借用"龟"的福寿文化特色仍然完整保存。此外，在不同的语言和文化中，代表每个民族独特事物的词语最能代表各自民族的表层文化。对于来自其他文化背景的人来说，很难理解单词本身。例如，雪碧这个美国品牌的名字很令人费解，因为它原来的意思是精灵，这使得人们不可能和清澈的饮料联系在一起，所以进入中国后，他们就被命名为"雪碧"，这是声音和意思的结合。立竿见影，深入人心，广受欢迎。

2.忽视中间文化差异

在中层文化中，不同民族之中的生活习俗、行为方式等存在着很大的差异。例如，汉族人遇到熟人打招呼时常说："上哪儿去？""吃了吗？"如果一位操英语的本族人听到用这种方式的英语向他打招呼，一定会感到惊讶，甚至反感。因为听到"Where are you going? Have you eaten yet? Have you had your lunch?"之类的话，他只当作是询问，而不会理解为一种友好的问候。而汉语中的这类话，其交际功能与英语的"How are you?"相当。这都是长期以来的民族习俗使然。当然，由于跨文化交际的日益扩大，学生中大多数不再用"Have you eaten yet?"等来打招呼，但是却经常认为字面意义相同的中外两种语言，其功能也完全相同。其实，他们忽视了中西文化在生活习俗和行为方式上的差异。

3.忽视深层文化差异

不同的民族、不同的文化、不同的历史时期、不同的经济基础、不同的价值观、不同的思维方式、不同的社会心理、不同的审美观念是不同的。从不同民族的深层文化中，我们可以找出一个民族的思想根源，解释跨文化交际中许多令人困惑的文化现象。

例如，外国教授在课堂上通常很随意，有时他们坐在桌子上或把脚放在椅子上。在课堂教学中，我们常常把解释减少到最低限度，大部分时间留给学生小组讨论。下课后，让学生查阅相关资料，为下一节课做好准备。许多学生感到不知所措，有些人甚至指责外教没能做好他们的工作。因为在我国传统的英语教学中，教师从来没有这样做过。在课堂上，教师通常是非常严肃的，他们是课堂的中心，他们在进行填鸭式教学，学生也熟悉教师的充分灌溉。我不知道该怎么利用我的课堂时间。这种传统的教学方法否定了西方的师生平等。相反，外国教师常常对中国学生的课堂行为感到困惑。在回答问题后，外教总是问："你明白吗？"或者

"有什么问题吗?"答案往往是学生们的沉默。外教认为学生对他们的课程不感兴趣,所以他们感到气馁。中国传统文化中的"教师尊严"是学生在课堂上被动、不喜欢提问、不说话的原因之一。在中国,教师享有很高的声望,学生在课堂上通常不提问,因为他们害怕老师的权威,或者是在老师回答不上的情况下。另一个原因是中国的集体主义。中国学生群体意识强。在群体压力下,学生在说话前总是要看别人的反应。如果他们得不到支持,他们宁愿放弃表达自己的机会,以免在集体中被孤立。这种外教与学生的冲突,是中西文化在深层次上的表现。在西方,老师经常在课堂上被学生打断。因为在一个个人主义的社会里,学生说话和提问的主动性被认为是一种尊重个人和个性的行为,而直言不讳被认为是诚实的一种特征。在中国,不提问的学生被认为是维护集体和谐、避免正面冲突的集体主义者。

4.忽视英语教学的不同阶段应重视不同层次文化因素的学习

虽然我们有时会关注文化的学习,但忽略了不同教学阶段与不同文化学习水平之间的关系。英语教学实践证明,从文化知识到文化理解是一个从低级到高级的转换过程,文化随着语言水平的提高变得越来越重要,文化教学的比重也在不断增加。

在英语教学的入门阶段,学生在第一次接触英语时就有很强的学习英语的积极性。我们可以利用学生对英语明显的外来文化特征的新颖反应,揭示与表层文化相关的词汇的文化背景和语义。在此基础上,进一步揭示了英语中某些词的伴随意义。例如,"起重机"在英语中是一个无意义的词。在汉语中,"鹤"和"松"一起用来表示长寿。中国人认为蝙蝠是一件幸运的事情,是取其"福"字同音,但在西方人眼中却恰恰相反。在这一阶段,教师应特别注意培养学生良好的学习动机,通过各种渠道提高英语课堂本身的吸引力,并能展示一些与表层文化相关的物体和图片。让学生讨论中西方表面文化的差异。

在英语教学的基本阶段,学生已经有了一定的学习英语的基础。我们可以关注与中层文化密切相关的语言现象和文化习俗。在教学中,应尽可能扩大阅读面,提供大量的阅读材料,让他们从各个方面接触到英语国家的文化,真正感受到与中层文化密切相关的语言现象和文化习俗。在用英语进行交流时,我们应该避免简单地使用汉语的形式。我们应该学会按照民族习惯使用语言,让对方感觉亲切,消除跨文化交流中的心理障碍。

在提高英语教学水平的过程中,除了对语言与中层文化的文化进行比较外,还应加强对深层文化相关语言现象的理解、分析和对比。即从民族、历史、思维方式、社会心理和审美观念等方面挖掘一种文化的内在信息。只有了解不同民族的这些文化元素,了解其存在的价值,才能真正完成跨文化交际中的情感交流。

因此，在提高英语教学水平的过程中，应鼓励学生在更深层次上阅读文学作品，并在对原文的理解的基础上，引导学生对作品的背景和主要特征进行必要的分析。使学生能够准确地掌握作品的内容，增进对不同语言国家的社会、历史和价值观的理解，从而提高对语言的理解、分析和使用能力，从而实现交际能力和文化能力的有机结合。

总之，在英语教学中，我们应该注意文化差异，了解和研究这种差异，但不能也不应该盲目模仿和使用。我们有自己的文化传统，有自己的风俗习惯，有自己的说话方式。如果我们不了解和学习其他国家的文化，我们就无法学习地道的英语。在英语教学过程中，要对语言和文化进行比较研究，以提高英语教学水平。

五、教学的弊端

1.词汇问题

多年来，我国的外语教学在很大程度上受到教科书的制约，教材的编写受到教学大纲所附词汇的限制。但是，词汇表并没有考虑到为培养阅读能力、吸收先进科技信息的能力和参与对外交流的需要而建立的语言基础；另一方面，现有的词汇表在较低水平上重复使用。据有关资料显示，我国中学生的词汇量为800～1000，大学生（非英语专业）的词汇量为4000～5000。但也有非英语国家，日本的需求分别为5900和15000，俄罗斯分别为9000和15500.相比之下，差距很大。此外，在实际教学过程中，由于长期形成机械灌输的学习模式，中国学生可能无法达到这一水平。目前，大学英语词汇中经常使用的词汇很多，有的是词汇，但没有相应的解释。诸如电话、电报等词在词典中，但没有现代的通信手段，如电传、传真、电子邮件等。有分页词，这个词的基本意思是"页，张"，但没有家喻户晓的名字寻呼（寻呼）和寻呼机（寻呼机）。支票有四个定义，但没有实际的"寄售"。福利后没有"保险费"。有国王，王后，王子，公主（国王，王后，王子，公主，但没有总理。等等，创新的专业英语教师可能会跟上这一趋势并在口头上传播，但社会和经济生活的最大部分是由非英语专业的学生组成的。换句话说，一个从小学到中学到大学了很多年英语的学生可能不知道这个国家的"首相"是什么意思。另一方面，由于社会在发展，我们的语言也在发展。人们在社会经济活动中不断地创造新的英语词汇，但我们的大学英语词汇表几十年来一直保持不变。此外，各种英语测试的内容与落后的词汇和教材有着密切的关系。我们的学生几乎没有机会接触到越来越多的英语新词。情况是，时间越长，我们的词汇量就越窄；发展的次数越多，我们的学生与其他国家的学生之间的差距就越大。

词汇是外语教学内容和教材的重要基础，是外语教学的"接触图"。我国大学英语教学的词汇应根据我国国情，以学生学习外语的主要目的为目标，即了解最先进的科技信息，参与交流活动。而不是只想着传统的方法。

2.内容选择的缺点

我国非英语专业大学英语教材在内容选择上侧重于文学和政治理论，而忽视了现代实践内容。当我还是个学生的时候，老师告诉我们："目前的英语教材在很大程度上重视人文科学，而不是自然科学。"当时，我并不这么认为，但当我成为一名大学英语老师时，我意识到了一点。现在我国各个方面都发生了很大的变化，但外语教学并没有发生很大的变化。在教材方面，有些已连续使用十多年，甚至数十年。另外，由于传统英语教学对口语部分的要求很低，教材中的实用英语练习较少。尽管市场上出现了大量所谓实用的新教材，但它们要么盲目地寻求增加口语练习，而且它们与高中教科书之间存在差距，结果是学生很难被接受；或者太简单了，这是你在高中学到的东西的低水平重复。此外，在现行的英语考试制度下，教师和学生即使改进了教材的组成，也不能通过加强他们的英语口语习惯来代替"客观的选择题"。

3.教学目标的弊端

我国的英语教育似乎是为了应付考试。许多人为大学和研究生努力学习了十多年，但他们的实际应用能力非常差，他们已经通过了四年级和六年级的两个主要级别。有些人形容它为"有嘴而不说话，有耳朵听不进去"。学生只能机械地接受教师传授的"知识"，思考如何掌握学科的思想，如何通过各级考试，对所学英语的实用性重视不够。这一代人正在学习与上一代甚至下一代相同的英语。甚至可以说，一代不如一代。近年来，外语教学的第一线一直认为教育不应进行，而应强调素质教育。但真相呢？仍然是四六通率。你觉得这个问题怎么样？今后外语教学会继续这样下去吗？这是外语教师需要思考的一个大问题。目前，大学英语基础阶段的教学目标实际上已成为通过国家四级考试的目标。从20世纪80年代末至今，改变外语教学现状的呼声一直在响亮，但这种声音并没有从根本上改变。外语教师和非英语专业学生只有在统一考试的接力棒下，才能努力达到标准，提高通过率。因为通过提高年级交叉率可以提高学校的知名度和地位。事实上，一些学校四年级的及格率在上升，而实际的水平却在下降。

非英语专业学生学习外语主要是为了解决外汇问题。语言是一种工具，只要他能利用这个工具进行有效的交流，他学习一门外语的目标就能实现。如果一个学生在考试中得了高分，通过了大学四、六级考试，但他没有能力与别人交流，这只能说明他有能力在纸上做机械练习，但他不能说他的外语学习目标已经实现了。因此，从这个角度来看，他们必须尽早接触实用英语，即英语在学术研究和对外交流中的实际运用。学习语言和学习实用知识具有重要的现实意义。大学外语教学不能总是让学生阅读故事或政治文章，然后总是做一些客观的选择题。这种学习方式培养的"人才",与用人单位对人才的外语素质,从基本技能到能力的要求相去甚远。外语教师应尽力帮助学生(甚至在一定程度上帮助自己)接触到一些在英语教学中不受重视但与社会经济有关的实际内容。然而,由于学生的考试与教材非常接近,因此我们不能以学生未能顺利毕业为代价进行新的尝试。

  因此,在实际教学过程中,如果教师能够抛开考试制度的束缚和教材内容,以"头脑风暴"为原则,在与其他教师充分沟通、与时俱进的前提下,根据自己对英语的理解和对时代的理解,他们可以独立地写出每堂课的内容(有时参考教科书中的一些教学模式),引导学生注意和讨论他们那个时代的重大事件。了解不断发展的新风格和新词汇将呈现出一个全新的景象。同时,学生也会有紧迫感,因为他们不知道老师在下一节课上会说什么,而且没有人能从参考书中找到家庭作业的答案。每个人都必须复习他们所学到的东西,因为现在他们可能是无聊和困难的,但每个人都知道他们是实际的和实际的。如果他们不学习,他们就会被时代抛弃。将来会有被别人超越的危险。也就是说,中国学生学习英语的态度应由被动灌输转变为主动学习。当然,如果我们这样教学,肯定会对我们的英语教师提出更高的要求。例如,知识的广泛性和备课的难度,但"互教"不是一件好事。同时,它也将在很大程度上对现行的英语水平考试制度提出挑战。然而,如果没有"分娩痛苦",我们又如何"分娩"呢?为了跟上时代的步伐,我们应该以积极的态度面对一切创新和进步。

第五章 多远文化英语教学实践

第一节 多元文化下英语知识教学

一、多元文化语境下的英语语音教学

（一）英语语音教学的意义

语音学、词汇和语法是语言学科的基本要素，语音是三要素中的第一要素，语音是学好语言的基础，对提高语言整体水平起着至关重要的作用。

1.帮助学生轻松记忆单词

语音教学是英语教学的重要组成部分。由于口语是第一语言，英语作为一种语音字符，在很多方面都受到语音的影响或制约，如语法现象、词汇和习语等。在词汇方面，如果汉语中有很多词是"友好的"，那么英语中就有很多单词可以"听声音，生意义"。在教学中，学生抱怨最多的问题是他们记不起单词。他们没有意识到良好的发音是有效记忆单词的方法之一。英语中的拼写和发音之间有一定的内在联系，并且有一些规则需要遵循。如果我们掌握这些语音规则，我们不仅可以帮助我们正确地听和说，而且还可以帮助我们容易记住单词。

2.它可以提高学生的听说能力。

如果学生能很好地掌握发音，不仅会增强他们学习英语的信心，而且会提高他们学习英语的积极性。发音是否正确，直接关系到能否正确理解或理解。一个有语音理论知识并能应用于实践的学生，当他自己说（或读）英语时，他能够使用英语阅读技巧。它们自然地处理诸如连续阅读、不完全爆破、同化、弱化等语音现象。他们在听英语的同时，也能对这些语音现象做出迅速的反应，并能准确

地理解它们的意思。在多年的教学实践中，听力学生说得最多的是他们的听力水平太低，难以提高。有些学生甚至因为缺乏自信而放弃听力，在考试中盲目地选择答案。他们没有意识到，听力问题有时是由他们不正确的发音引起的。因此，以稍快的速度，学生很难理解它一两次。如果学生能学好英语发音，他们就能流利地拼写单词和阅读课文，能够顺利地理解发音材料，并能自信地说出话来。这将增强他们学习英语的信心。

3.促进阅读能力的发展

对于非英语专业的学生来说，阅读水平无疑是衡量他们英语水平的重要手段，也是直接影响他们考试成绩的一个重要方面。阅读理解的目的是考察学生的语法和词汇知识的综合水平，包括阅读速度。文字是记录口语的符号。如果我们掌握了这些符号的正确声音图像，我们就会阅读它们。我们看到的文字符号可以很快转换成脑海中相应的声音图像。他说："转换过程的速度决定了我们阅读的速度，特别是当一些学生阅读文章时，他们有大声朗读或默读的习惯。"如果它很难阅读，更不用说理解了。

（二）英语语音教学现状

1.浅谈语音教学

目前，在大学英语教学中，有些学校没有意识到语音教学的重要性，没有重视语音教学。仍然有许多教师认为学生的语音学习是在大学之前完成的。事实上，在大学之前，学生也没有学习系统的语音知识，由于应试教育的压力，在中小学阶段，语音没有引起足够的重视，学生的语音基础相对薄弱。基本上，许多学生不能正确拼写国际音标，不能说流利的英语，而且在英语听力方面有很大的问题。学生可以背诵语法规则，但不能应用。如果他们不注意在大学里学习发音，学生的英语交流就不会得到改善。

在实际的语音教学中，教师通常只注重单个语音符号的发音，而对学生语音节奏、语调、语感等的培养关注较少。学生对语音规则的理解不够深入，在阅读英语句子时容易犯语音错误，难以处理语音变化问题。盲目的模仿会导致错误的发音习惯，将来很难纠正。

2.误解与方言差异对语音语调的影响

许多学生对英语发音有一些误解。我不重视语音的学习，认为在中小学阶段已经掌握了发音，在大学阶段主要是为了应付考试和英语学习。为了通过考试，学生通常会花大量的时间背诵单词，做习题，提高完形填空和阅读理解问题的分数，完全忽视了英语的综合学习。不注重英语听说，忽视语音学习，英语能力不能提高。

中国幅员辽阔，人口众多。由于教师在教学中不重视语音教学，加之长期以来方言的影响，许多学生英语语音基础薄弱，语调普遍存在问题。首先，单声母和单音词的发音都有错误。长期以来，由于母语和方言的影响，许多学生存在汉语语音代替英语语音发音的问题，发音也不正确。导致英语发音不准确。在汉语的影响下，学生往往把重点转移到单词的发音上，不加区别地加音，而不注意爆破。第二，言语流动在节奏和重音方面存在问题。对汉语来说，音节是节奏，英语是重音。学生往往不处理压力，重音表现差，没有明显的节奏，所以很难突出英语阅读的中心，大多数学生不会停顿，英语过渡和衔接问题，最后没有英语节奏，在学习英语句子时，学生不会掌握语调，英语语调模糊单一，英语中的情感无法表达，许多学生都是机械语调，无法区分句子属性。

3.大学英语语音教材的缺乏

教材是学习的重要指南，但目前我国大学英语教材中涉及语音知识的较少，不能满足学生的学习要求，也不能在发音上进行测试。对于非英语专业的学生来说，大学英语语音教材不多，缺乏全面性和实用性。相关语音学教材主要是为英语专业学生编写的，不适合于非英语专业的学生。有些语音学教科书没有系统地介绍语音知识，而只倾向于单音节成分的发音。学生很难找到适合他们英语水平的语音教材，这不利于语音的学习。

（三）英汉发音的文化差异

1.汉英重音差异分析

汉语和英语中都存在重音，它对英汉句子的意义有着重要的影响。在英语中，能改变句子意义的重音通常被称为"表意重音"，而在汉语中则称为"语法重音"。

汉英重音的差异主要表现在重音的位置上。在汉语中，重音通常落在主语、宾语和补语上，而英语中的重音往往落在词义词（内容词）上。虚词（虚词）的发音一般是柔和的，有时甚至是经过的。

2.英汉音节差异分析

音节是语音序列的单位，是语音中最小的结构单位。汉语和英语在音节上存在显著差异。在汉语中，一个词是一个音节，而汉语音节，除了几个感叹号，是由辅音和元音组成的，而另一个词是由辅音和元音组成的。汉语中的辅音不能单独使用，必须与元音结合才能形成音节。

（四）多元文化语境下的英语语音教学

语言是人类交流的重要方式。语音学是语言交际的载体。如果我们失去了发音，人们的日常交流、商务活动和语言教学就无法正常进行。因此，在语音教学中，语音教学是语言教学的基础。每一位教师都要了解英语和汉语发音的异同，注意英汉对比，从而预见学生语音学习的重点和难点，并在教学方法上采取相应的措施。为了提高英语教学质量，减少甚至消除母语迁移的副作用。在语音教学中，要把听力、辨别和模仿声音和积极的声音结合起来，反复练习，为今后英语听说能力的培养打下坚实的基础。

二、多元文化环境下的英语词汇教学

（一）英语词汇教学的意义

要掌握英语，必须学习一定数量的英语单词。学生掌握词汇量和正确使用词汇量的程度是衡量学生语言水平的重要指标。在英语教学中，词汇量和词汇运用能力的高低直接影响到语言交际能力的培养。与语音学、词汇和语法相比，词汇在数量、意义和用法上是最难掌握的。在英语教学过程中，学生经常抱怨英语单词很难读、记、写。因此，加强对英语词汇教学的研究，探索新的英语词汇教学方法，具有十分重要的意义。

（二）英语词汇教学内容

词汇的掌握应从意义、用法、词汇信息和策略四个方面入手。

要理解一个词的意义，一方面要理解它的本义和意义，另一方面要理解其他词之间的意义关系，如意义、反义词、上下义等。

（1）原意和逃避。

1）词的原义又称"字典义""指义"和"中心义"，是指人给它的意思或词形成时所指的事物。词汇作为人类语言交际的基础，其意义是不变的。因此，这个词的原意是最容易掌握的，如狗指的是"狗"。当然，由于中西方文化的差异，英汉词汇也是不平等的。例如，在英语中，父母的兄弟被称为叔叔，而中国人则有严格的代际划分。

2）一个词的逸出，即一个词的意思或隐含意义。正义。例如，作为名词的风暴的原意是"风暴"，它的意思在任何语境中都不会改变，但它会在不同的语言环境中逃避。

总之，英语词汇的内涵和意义必须与一定的语境相结合。此外，还需要根据文化背景来界定词汇的内涵。同样以 dog 为例，其在汉语中含有贬义，这是因为中国人对狗有一种厌恶的心理；而在西方，人们认为"狗"是人类最友好、忠诚的朋友。这种差异体现在英汉词汇中，汉语多有"狗腿子""狗东西"等贬义词语；而英语中则有 big dog（要人，保镖），top dog（斗胜了的狗，优胜者，胜利的一方）等褒义词。

（2）同义词、反义和上下义

同义词是指两个或多个词在意义上相同或相似的关系,或同义词的发音和拼写不同,但意义相同或相似。

2.信息

词汇信息主要指拼写、发音、词类、词缀等。

词汇的发音和拼写是词汇存在的基础,也是区分每个单词的第一要素。词汇在一开始就有声音的形式,所以词汇教学的第一步应该从语音开始,这不仅是语音教学的范畴,也是词汇教学的范畴。

此外,除了语音之外,教师还应注意语音和词汇形式的结合,引导学生将单词的音形与记忆联系起来,形成"知形,因音记形"的能力。例如,在解释数学这个词时,老师应该首先指出,在重读的闭音节中,发音/?/表示应该写成a。此外,老师还必须联系学生已经学会的单词包、站、黑等,以加深学生对语音的记忆。

3.使用

词汇的使用是指各种词汇的不同用法,如搭配、短语、成语、语域等。词汇搭配是英语教学的重要组成部分。在特定的语境中,一个单词通常与特定的单词并置。

4.战略

根据词汇学习的特点,可分为五种策略:控制策略、资源策略、认知策略、记忆策略和活动策略。

调控策略是对整个词汇学习进行规划、实施、反思、评价和调整,以及资源的使用和监控。调控策略属于元认知策略。

资源策略是一种通过接触新单词来帮助学生增加词汇量的技术和方法,如网络学习、词典学习、广告学习等。

认知策略是用来完成学习任务的行为和方法,如猜词、使用语境、记笔记等。

记忆策略是帮助人们记忆的策略,如根据单词的形成、语境和分类来记忆词汇活动,即在课堂上组织使用词汇的活动,如讲故事、写信和与他人交流。

(三)英语词汇的文化差异

词汇是句子的基本单位。任何语言的词汇都反映了使用这种语言的人独特的文化背景。因此,在英语教学中,教师应重视词汇文化的文化内涵。

1.词汇形态特征的比较

一般来说,根据语言的词汇特点,语言可分为四大类:孤立语、依附语、屈伸语和多式合成语言。在孤立的语言中,每个词只包含一个语素,而在粘着语言和屈折语言中,一个词通常有多个语素。它们的不同之处在于语素的组合是不同的。综合语言的特点是词缀丰富。语言形态类型的差异与词汇系统总体形态构成特征的比较密切相关。

虽然汉语中有一些形态成分，但汉语更接近孤立主义。与许多其他欧洲语言相比，英语的词汇形式往往是孤立的，但它们往往比汉语更全面。

2.构词特征的比较

在了解了词汇的整体形态特征后，对具体的词汇形态词汇进行了比较分析，总之，构词对比。

3.词汇语义比较

汉英词汇在意义上也有很大的差异。词与词在语义上的趋同关系使我们能够区分不同的词汇语义场，并对两种语言对应的语义场进行对比。本文从亲属关系字段、称谓域和颜色域三个方面对英汉词汇在意义上的差异作了简要的说明。

（四）多元文化下的英语词汇教学

在多元文化条件下的英语词汇教学中，应注意将文化内涵融入解释。主要方法如下。

1.直接教学法

直接教学法是教师在讲授课文时，结合教材内容，有意识地介绍与课文内容有关的文化背景知识和文化内涵。为了让学生更直观、更深入地记忆和理解词汇的文化内涵，教师可以借助形象工具进行教学。例如，播放相关视频，让学生直接接触和理解这些词汇的背景文化，以真正理解词汇的语境，从而清晰、深刻地理解和理解词汇的文化内涵。

2.文化对比法

文化对比是一种非常重要的词汇文化差异教学方法。俗话说，有比较的地方。该习语也适用于文化差异下的英语词汇教学。只有通过比较，学生才能发现英汉语言结构和文化的异同，才能更深刻地理解英语词汇的文化内涵。因此，在文化差异英语词汇教学中，教师应将语言教学与文化教学相结合，通过文化内涵的比较，让学生了解英汉词汇的共性和个性。

当教师教授具有文化差异的词汇时，使用异同可以事半功倍。因此，在文化差异下的词汇教学中，教师应灵活运用这一方法。

3.词源分析

词源分析尤其适用于英语典故词。英汉词汇中有很多典故，要从字面上理解文化内涵是很困难的，必须对其来源进行分析，以帮助学生理解和记忆。无论是中国人还是西方人，他们经常引用传说、宗教、历史、文学人物、事件，也就是引用典故。因此，词汇教学是英语词汇教学的重要组成部分。例如，源自《鲁滨孙漂流记》的 man Friday 意思为"得力的助手";源自小说《汤姆叔叔的小屋》的 an uncle Tom 是指逆来顺受,情愿忍受痛苦、侮辱,在思想和行动上也拒不反抗的人;源自莎士比亚的戏剧《威尼斯商人》的 Shylock 指贪婪、追求钱财、残忍、不择手段的守财奴。

如果我们知道典故的来源,我们就很容易理解这个例子。如果你不知道这个故事,就很难理解。因此,教师有必要分析典故的来源,帮助学生掌握词汇的文化内涵。

4.案例分析法

案例分析是指在课堂教学中,由于缺乏对词汇文化内涵的理解,教师在写作过程中与鲍尔森出现冲突。学生在仔细阅读案例后,被要求分析交际冲突的原因和后果。在倾听学生分析的基础上,教师可以从语言文化和跨文化交际的原则等方面进一步阐述案例中交际冲突的词汇内涵,从而使学生更好地理解交际过程的语境。提高学生跨文化交际意识。教师还可以要求学生课后查阅相关资料,以便更好地理解在交际中引起冲突的词语的文化内涵。还要求学生编写一份简明的案例研究报告,说明英语和汉语跨文化交际中的一类文化词汇所造成的冲突,而这种冲突是以其中的一个词为代表的。这不仅可以巩固课堂教学内容,而且可以促使学生通过自主学习提高跨文化交际能力。

语言与文化密不可分,文化差异导致交际障碍。在教学活动中,教师应将英语教学与文化教学相结合,使学生对词汇的理解不局限于表面意义,而应深刻理解词汇的文化内涵。在课堂教学中,教师应积极采取多种教学策略,加强词汇的文化内涵对比,减少词义理解障碍,使真正的英语教学成为一个有趣而有效的过程,以保证教学目标的实现。

第二节 多元文化下的英语语法教学

一、英语语法教学的意义

1.语法是句子产生的机制

为了学习任何语言,学生必须经常记住各种语言项目,如词汇、短语、句子等。然而,一个人能够记住的个别项目的数量是非常有限的,因为他需要花更多的时间来学习其他语言模式或规则,从而利用记忆的项目形成新的句子。这里的模式或规则是语法。英语语法是学生利用已知词汇和自己的创造力产生无数句子的一种机制。因此,英语语法教学可以为学生创造语言提供更多的机会。

2.语法知识具有调整功能。

只有按照一定的语法规则，英语单词才能形成可以理解的句子。对于学生来说，他们可以在课堂上获得大量的语言材料，在这些材料的基础上，他们也可以创造出许多新的句子，但他们受到语言能力的限制。当他们表达句子时，他们的表达往往不明确。此时，他们应该运用语法知识来调整句子，使句子表达得更加准确和清晰。

3.语法能解决语言学习中的"僵化"现象

如果学生有明确的学习动机和较强的学习能力，那么他们就可以在没有正式学习的情况下达到更高的语言水平。但在语言表达过程中，他们总是存在一些问题。

4.语法教学有利于学生的长期语言学习。

在学习西班牙语的过程中，英语教学专家施密特（Schmidt）充分认识到西班牙语语法对西班牙语学习的重要性。这里的老师特别重视语法，所以施密特的语言技能在他的巴西之行中得到了迅速的提高。他发现，在与当地人交流的过程中，许多教师在课堂上对语法项目进行了解释：主题总是可以被提及的。于是，他开始关注各种语法项目：客观，在与当地人不断交流的过程中，使语法知识记忆非常强。最后，施密特得出结论，学习西班牙语语法在掌握西班牙语方面起着很大的作用。同样，对英语语法项目的研究对提高英语语言水平也具有重要意义。

5.语法教学有助于学生掌握语言的组成部分。

每一种语言都有一个庞大的系统，作为一个重要的语言语法系统，它还包含着多个子系统，它是由一定数量的明确规则组成的。因此，语法教学必然会减少语言教学的工作量。在学习语法的过程中，往往需要对语言进行分解，并将其分类，从而明确语言教学的目标。

二、英语语法教学内容

词法和句法是英语语法教学的两个主要方面。词法主要包括构词法和言语类。构词法主要涉及词缀、词义转换、派生、构词法等，而词性部分则包括静态词和动态词。这里的静态词主要指名词、形容词、代词、副词、数词、介词、连词、冠词、感叹词等。静态词不是绝对静态的，如名词的性别、数量和格的变化，形容词有比较变化和最高级变化。动态词金应包括动词、时态、语态、情态动词、助动词、不定式、分词、动名词、虚拟语气等。句法可分为三部分：句子组成、句子分类和标点符号。英语句子的主要成分有主语、谓语、宾语、谓语、定语、状语、宾语、独立成分等。就目的而言，句子可分为陈述句、祈使句、感叹句和疑问句，而从结构上讲，句子可分为单句、复句和复句。与句子有关的内容还包括句子、从句、省略句等。除了短语分类、功能、不规则动词等外，标点符号也是句法学习的重要组成部分。

三、英语语法中的文化差异

1.词类差异及其应用

就词类而言,英语和汉语有很多共同点,如名词、代词、动词、形容词、副词、介词等。但也有不同的地方,如英文文章,中文没有英文单词,字形会变,中文不会变。此外,词类的差异也体现在词类的运用上,具体表现在以下几个方面:

(1) 动词

英语和汉语最大的区别之一是动词的使用。汉语动词是灵活的,可以单独使用,可以连续使用,也可以重复使用,英语不能重复使用。此外,英语动词还受到人称、时态等的限制。翻译必须根据实际情况做出相应的变化。如果一个汉语句子中有两个或两个以上的动词被翻译成英语,他们要么使用动词的非谓语形式,要么添加一个连词,使它成为并列。您可以将动词转换为其他形式,如名词、介词短语,有时还可以省略一个动词。在将英语翻译成中文时,要注意把这些句子转换成有两个或两个以上动词的句子。

(2) 名词。

名词是指事物的名称的单词。英语和汉语都有名词,这是一样的。然而,英语名词的形式却从单数到复数不等。汉语名词分词"…"除了我们所标记的复数外,几乎所有的单数和复数形式都是相同的。汉译英时,应根据语境进行适当的补充。

(3) 文章

冠词是名词之前的限定词。英语文章很多,但中文文章没有。英语冠词通常分为定冠词和不定冠词,分别用a、an表示。定冠词表示某物或某人。不定式文章表示一般的引用。但定冠词有时也可以用来表示概括。有时用定冠词,有时用不定冠词,有时不用定语。何时使用,何时不依赖于上下文。英汉翻译时应做必要地增删。

(4) 虚词

虚词要起辅助、情绪或移情的作用。英汉这两种语言都有各自的虚词。但较之英语,汉语的虚词要多得多,如汉语有"的""吗""了""呀""而"等,英语则没有与之对应的虚词。而英语的 it 和 there 汉语里找不到对应的词。英译汉时,有时需要增补必要的语气助词,汉译英时则把这些词略去不译。例如:

1) You must be in a hurry, or you'11 be late.

你得走快点,要不就迟到了。

2) What in the world are you doing?

你究竟在干什么？

3) It's no use complaining.

抱怨是没有用的。

4) there are twenty teachers in our department.

我们系有二十位教师。

2.句法差异。

（1）句子结构方面

中英两种语言都没有主语句，即没有主语，但相比较而言，汉语中没有主语句的要比英语多得多。一般来说，英语句子在结构上是比较完整的，在没有主语的汉语翻译中应该增加主语，当然，有时也可以用被动结构来翻译。

（2）英语更被动，汉语更主动

据统计，被动句在英语中的使用频率高于汉语。在英语中，如果我们不知道谁是行动的执行者，我们就不需要或不想指出谁是行动的执行者，而强调或强调行动的人通常使用被动语态。在汉语中，主动句占多数。因此，在从英语到汉语的翻译中，为了适应汉语思维和表达的习惯，英语的被动结构常常被转换为汉语的主动结构。

3.语序差异

就语序而言，英语和汉语都属于分析语言。二者均采用主语+谓语+宾语的线性顺序，但在应用上仍有许多不同之处。主要有以下几个方面：

英语修饰语，如定语和状语，更灵活，可能出现在修饰成分之前或之后，如果修饰语是短语或从句，则需要放在修饰成分之后，汉语修饰语，无论是单词，还是短语或从句放在修饰成分之前。在翻译中，我们必须根据具体情况对这些位置进行必要的调整，以符合英汉习语。例如：

1) Is there anything particular in the newspaper?

报纸上有什么特殊的新闻吗？

2) The man whom we met in the street, yesterday is an English teacher.

我们昨天在街上碰见的那个男子是英语教师。

3) This is the place where I worked ten years ago.

这就是十年前我工作过的地方。

为了取得句子形式上的平衡，避免头重脚轻的现象发生，或是为了强调某个成分，英语中往往采用倒装的办法，而汉语里则没有倒装的情况。翻译时，须对这些位置进行调整。例如：

1) No longer were his lectures greeted with sneers and catcalls.

他的课不再遭到嘲讽和"嘘嘘"的起哄声。

2) He took for granted the tie of their blood.

他认为他们的血缘关系是理所当然的。

（3）英语句常把判断性或结论性的部分放在句子的前面，汉语则放在句子的末尾。例如：

1) It is hard to say if he will come tomorrow.

究竟他明天来不来现在很难说。（汉语句中结论性、判断性放在句尾）

2) We will go out for an outing if it doesn't rain.

如果不下雨，我们就去郊游。

（4）如果一个句子有几个并列词语，词义有轻重强弱之分，英语的排列顺序是先轻后重，先弱后强，汉语则相反。例如：

We should and must go at once.

（先轻后重）

我们必须而且应马上就走。

（先重后轻）

（5）汉语和汉语都有固定词序的并列结构的词语，翻译时必须根据译文的习惯进行调整。

四、多元文化条件下的英语语法教学

1.增强语法意识

任何语言输入都必须是可理解的，只有理解的语言输入才能尽可能多地存储在长期记忆中。听、读作为语言输入的主要方式，在语言学习中起着重要的作用。问题是，我们如何才能正确理解输入的材料？影响我们正确理解语言的因素有很多，如词汇、句法、语境等，但毫无疑问，我们能否充分理解输入材料中成分之间的正确关系，即语法结构。是我们最终实施可理解的投入的关键。

语法知识的学习应该是大学英语课堂的重要组成部分，尤其是在大学新生阶段。与中学英语教学不同，中学英语教学不应继续孤立地发挥主导作用，而应与听、说等英语技能相结合。听说能力的培养与语法知识的解释之间没有矛盾。语法教学的目的是为了更有效地传递说话人的信息，为语言技能的培养服务。

2.语法教学的针对性与选择性

大学语法学习并不要求教师重新向中学生传授语法知识，这只会引起学生的反感。在语法教学中，教师应具有选择性和针对性。首先，我们可以通过问卷调查或测试来测试学生的语法水平和他们的不足。解释学生尚未掌握或尚未掌握的语法是很重要的。通过语法教学发展听说教学，深化学生的英语基本技能。

3.使语法教学生动活泼

大学语法教学的关键是激发学生的学习兴趣,使教师能够选择一些与实际生活相关的生动有趣的句子来引出语法教学中需要解释的语法知识。第二,教授给学生一些有效的记忆语法知识的方法,使学生在头脑中形成完整的知识框架,对高中语法点进行分类,而不是零散的沙地。此外,在语法教学中进行适当的实践,可以巩固学生对语法的理解,检验学生是否真正掌握语法知识。

4.改变语法教学方法

将以往的语法知识教学转变为知识教学与听、说、读、写、译相结合的能力培养。这种教学方法不仅可以激活课堂学习氛围,调动学生的学习积极性,而且有利于提高教学质量,提高学习效率。语言使用是一种创造性活动,它应充分启发学生的创造性思维,使学生的语言能力自然向语言应用过渡。较实用的教学方法如下:

(1)演绎法

在英语语法教学中,教师可以根据学生理解、掌握语法规则的过程和语法表达的方式,采用演绎或归纳的方法。演绎方法是教师首先解释语法规则,然后根据现有的语法规则提出一些实例,然后组织学生按照规则进行练习。演绎法的优点是:直接、省时、省力。

(2)归纳法

与演绎法相反,归纳首先由教师列出,然后由教师和学生观察和分析,然后教师归纳出定义和规则,然后组织学生按照规则进行训练。例如,学生在中学学习了英语形容词和副词的比较变化和最先进的变化。进入大学后,随着越来越多的英语词汇被曝光,他们发现一些词汇的变化不符合英语语法的一般规律。对于这些英语单词的特殊变化,教师可以先呈现这些不规则的英语形容词、副词和最高级现象的句子,然后让学生总结自己的变化形式。比较分析它们与一般规则的异同。

(3)交互式语法教学法

互动活动一般包括学生、教师和学生之间的互动活动,以及人与计算机之间的互动活动。其中人机交互可以利用多媒体课堂的交互功能和网络通信技术,建立学生合作和师生合作的机制,为英语语法教学提供更广阔的空间。

第三节 多元文化下英语听说教学

一、多元文化环境下的英语听力教学

（一）英语听力的意义

1.听力是一种重要的交流手段

据美国保尔•兰金教授统计，"听"占人们日常言语活动的45%，"说"占30%，"读"占16%，"写"仅占9%。大学生英语综合能力的五个方面听、说、读、写、译，听力首当其冲。然而，随着全球化进程的加快，中国与世界的国际交往范围和范围也在不断扩大和深化。在经贸、科技、文化、军事、教育等领域，需要与外国进行广泛的交流与合作。社会要求更多的听和听的能力。然而，对于大多数大学生来说，听力是一个薄弱环节，因此加强英语听力教学显得越来越重要。

2.听力促进说、读、写

听力是英语五项基本技能之一。听力能力的提高可以促进学生说、读、写等其他能力的发展。听力教学的任务是如何使学生从语言因素中提取和理解信息。信息提取是语言表达的基础。只有正确理解和倾听，才能传达自己的语言信息，达到交际的目的。听力能力的培养与交际能力的提高是相辅相成的。听力能力是交际能力的前提和基础，交际能力是听力能力的结果和目的。只有提高听力水平，才能使说、读、写顺利进行。此外，只有提高听力教学质量，才不会影响口语教学、阅读教学和写作教学的顺利进行。

（二）英语听力教学内容

在当前的大学英语听力教学中，应包括四个方面：听力知识、听力技能、听力理解和逻辑推理。

1.听力知识

听力基础知识是培养和提高学生听力技能的基础，包括语音知识、语用知识、策略知识、文化知识等。

语音教学是听力教学的重要组成部分。在实际交际过程中，同一个句子在语音、重音和语调的变化中会产生不同的语用意义，表现出交际者不同的交际意图和情感。在听力教学过程中，使学生掌握语音、重音、连续阅读、语义组和语调等语音知识，可以促进学生语音识别和反应能力的提高。同时，在教学过程中，教师也要对学生进行听力、意义和压力的训练。培训不仅要包括单词和句子，还要包括段落和文章，以使学生熟悉英语表达的习惯和节奏。适应英语语言的流动，

从而为学生提高听力水平打下坚实的基础。这种训练也能潜移默化地培养学生的英语思维能力，促进第二语言习得能力的提高。

听力知识还包括语用知识、策略知识和文化知识。这些知识的科学教学也是提高学习者听力能力的重要手段。语用知识的研究有助于学生理解语篇的意义。增加他们对话语的理解。学习策略知识可以帮助学生根据不同的听力材料和听力任务选择策略，从而提高听力的针对性。文化知识的研究对促进学生未来的跨文化交际具有积极的作用，有利于不同文化背景下交际的顺利进行。

2.听力技能

英语听力教学可以有效地提高学生英语听力的科学性和针对性。技能和技能的合理运用为跨文化交际的完善奠定了基础。

（1）基本的听力技能

听力技能主要包括以下几个方面。

辨别声音的能力。听力中语音识别能力的教学，是为了使学生了解音素、语调、重弱、词组、音质等方面的区别。这种训练不仅可以提高英语听力理解的有效性，而且可以提高学生的理解能力。

交际信息识别主要包括区分新的信息指示语、说明性指示语、主题终止指示语、转向转换指示语等。交际信息的识别可以提高听力的有效性和针对性，提高学生的话语理解效率。

理解能力。理解能力主要包括理解话题和谈话或独白的意图。一般理解能力的提高，为学生从整体上把握语篇内容铺平了道路。

理解细节的能力。理解细节的能力是指在听力内容中获取特定信息的能力。在英语学习和考试过程中，理解细节的能力可以帮助学生提高答题的准确性。

选择注意。选择性注意是指根据听力的目的和重点，选择听力中的信息焦点。对于不同的听力材料，选择注意力是非常重要的，这有助于学生掌握主题的中心。

做笔记。笔记技巧是指根据听力要求选择适当的笔记方法.掌握良好的笔记技巧可以提高英语听力和记忆效果。

教师应认识到，听力水平的提高不可能一蹴而就，教师应逐步开展有针对性的教学工作。不同的学生有不同的学习习惯和特点。教师需要因材施教。

（2）听力技能

听力技巧主要包括猜词、听关键词、过渡连词、预测、推理等。掌握正确的听力技能可以事半功倍，有效地提高听力理解能力。例如，在与他人交流或听语音材料时，学生可以根据语境或说话人的表情和手势猜出新词的意思，从而使交流顺利进行，或理解语音。因此，培养各种听力活动的听力技能也是听力教学的必要内容。

3.听力理解

英语听力知识的学习和听力技能的教学是为了提高英语听力水平。由于语言的语用意义不同，如使用目的和交际者等因素，正确理解话语已成为英语听力教学的一个重要和难点。在听力教学过程中，教师应使学生从理解字面意义到掌握隐含意义，了解如何提高学生的综合语用能力。具体来说，英语听力理解包括以下几个阶段。

第一，身份查验。识别主要包括语音识别、信息识别、符号识别等。虽然鉴定处于第一阶段，属于第一阶段，但它是以后各阶段的重要基础。一旦学生们听不出他们所听到的，那么就没有办法谈论理解。

有不同程度的识别，最主要的识别是语音识别，最先进的识别是说话人的意图识别。教师可以通过JH偏误识别、匹配、素描等方法训练和测试学生的辨别能力，如根据所听到的内容对听力材料的句子进行排序。

第二，分析。这种分析要求学生把他们听到的东西翻译成图表和表格。这一阶段要求学生识别言语流动中的短语或句型，以便对日常生活中会话的内容有一个大致的了解。

第三，重组。重组要求学生用自己的语言口头或书面表达所听到的内容。

第四，评价与应用。这是听力理解的最后两个阶段，要求学生在获得、理解和报告前三个阶段的信息的基础上，用自己的语言来评价和应用所获得的信息。在实践教学中，可以通过讨论、辩论、解决问题等活动来进行。

这些阶段是一个渐进的过程。任何层次的听力学习都必须经过一系列的过程，从识别到分析再到应用，才能逐步完善。

4.逻辑推理

除了听力知识、技能和理解之外，语法和逻辑推理也是正确判断和理解语言材料的必要条件。因此，现代英语听力教学必须重视学生语法知识的巩固和逻辑推理的训练。

（三）英语听力教学现状

随着科学技术的发展和全球化的发展，非英语国家英语学习者的听力技能在交际中发挥着越来越重要的作用。听力是听、说、读、写四种交际技能中最常用的一种，听力是语言学习的基础，为学习者提供语言输入。因此，听力教学越来越受到人们的重视。然而，我国听力教学中存在一些问题，影响了英语学习者听力能力的提高。

1.学生自主学习的现状

从学生的角度看，提高学生听力水平的难度一直是我国大学英语听力教学中的一个重要问题。主要原因如下。

(1) 听力基础薄弱

学生听力能力的薄弱表现在许多方面。

1) 英语基本技能差。即使在大学阶段，许多学生的词汇和语法仍然非常有限，仍然缺乏识别语言的能力。这些是听力的主要障碍。

2) 听力不良。我国英语教学具有较强的应试环境，不利于学生养成良好的听力习惯。此外，学生课后很少练习听力，导致听力能力差。

3) 害怕听，听是一种综合的语言能力。听力技能的培养涉及理解、概括、逻辑思维、语言交际等方面的发展。然而，在实际英语听力教学中，许多学生由于跟不上语音学的语速，思维速度慢，听力效果不佳，无法将语音翻译成实际意义。因此，学生总是害怕听力学习。

(2) 缺乏英美文化知识

英美文化知识的缺乏是提高大学生听力水平的重要原因。听力材料必然包含一定的文化信息，但学生不了解英语国家的历史文化、自然地理、当地风俗习惯、思维方式、行为习惯等。他们不了解英美语者的价值观和思维方式，这将成为听力过程中的障碍，严重影响对听力材料的理解，甚至产生错误的理解。

(3) 减少对英语听力的关注。

受传统教学模式的误导，大多数中学英语教学不重视英语听说能力的培养。此外，由于教学条件的限制，学生很少有机会正式地听英语，也缺乏良好的英语听力学习环境。因此，母语思维一直处于主导地位，英语和汉语在发音和表达上差异很大，对母语的过度依赖严重影响了学生听力的发展。在高校，学生听力水平低与课程要求高之间的矛盾使学生跟不上课堂，英语听力课的教学效果也很差。虽然校园里有英语广播节目，但这些资源非常有限，不能被学生广泛有效地利用。大学生英语听力学习仍然缺乏必要的语言环境。在英语听力课上，由于学生听力水平低，教师不得不大量使用汉语进行教学，这进一步强化了学生的消极思维方式。

2.英语教师教学现状

(1) 机械教学模式

目前，我国的英语听力教学大多采用"听录音，对一位教师解释答案"的教学模式。这种听力教学模式不仅缺乏对学生的有效监督，而且忽视了学生对文本的全面理解。它只是漫无目的、机械地播放录音。学生盲目听课，不能产生任何听力兴趣，教学效果自然较差。

(2) 缺乏适当的指导

在应试教学的影响下，英语听力教学也围绕着考试的指挥棒展开.大部分教师注重如何应对考试,在考试中培养学生的听力能力,直接播放录音,对学生没有任何指导。对于不熟悉新词和相关知识背景的学生来说,在听力过程中很容易遇到各种障碍,这不仅降低了听力的质量,而且使学生感到沮丧,从而失去了对听力学习的信心和兴趣。

相反,有些教师在播放录音前往往给学生过多的指导,不仅要介绍生词和句型,还要向学生介绍材料的因果关系。这样,学生即使不认真听,也可以选择正确的答案,这就很难激发学生的听力兴趣,听力教学就变得毫无意义。

由此可见,如何适度引导学生,是关系到听力教学质量的一个重要问题。过多或过少都会影响教学效果,教师应根据实际情况加以把握。

(四)多元文化环境下的英语听力教学

1.文化差异对听力理解的影响

(1)历史因素对英语听力的影响

听力题目中有这样一句话:The die is cast, we've got no choice but win the game.当时学生虽然大概知道是要取得胜利,但是对前一句的意思并不理解,这个短语源于公元前49年,罗马执政庞贝和元老院共谋进攻恺撒时发生的故事。当时恺撒的领地和意大利本部交界处有条小河Rubicon。恺撒不顾反对意见,悍然率军渡河与庞贝一决高下。在渡河时他说:The die is cast。过了河,他还烧毁了渡船,(burn the boats)逼得士兵毫无退路,只好勇往直前,打败了敌人。

(2)自然地理环境特征对英语听力的影响

英文中包含很多与海洋相关的习语,如:all at sea(不知所措);a drop in the ocean(沧海一粟);plain sailing(一帆风顺);between the devil and deep sea(进退两难);While it is fine weather mend your sail(未雨绸缪)。这是因为不同的自然环境会对当地的文化造成不同的影响,语言恰恰包含了这种独特的文化基因,英国作为一个岛国,为了生存,人们经常与恶劣的海洋气候进行抗争。在征服自然的过程中,自然形成了许多与海洋有关的习语。

2.多元文化对英语听力教学的启示

(1)加强文化背景知识的转让

在英语听力教学中,教师既要注重文化背景知识的教学,又要注重语言知识的教学。文化背景知识的教学应与实践性课程紧密结合,其目的在于使学生更加深刻。

了解并更准确地使用英语。因此,在英语教学过程中,应根据学生的英语水平和教学内容,有计划、有针对性地引入文化背景知识,在提高学生语言能力的同时,丰富英语国家的文化知识。

第一，培养学生的文化意识，增强学生的学习兴趣。

在课堂教学中，教师不仅要传授英语语言知识，还要帮助学生树立正确的观念，自觉地培养学生的文化意识。学生必须认识到，学习背景知识有助于提高听力技能，因为语言被整合到相关的背景知识中，这有助于提高听者对演讲发生的地点、时间和环境的理解。它还可以帮助学生熟悉演讲者的年龄、性别和对某些事情的看法。成功的听力理解取决于听者的语言知识和背景知识的相互作用。此外，学生还应认识到，学习文化背景知识有利于提高自己的文化素质。英语学习的目的不仅在于掌握纯英语的语言能力，更重要的是要进一步了解西方文化，拓展知识。

第二，转变教师的教学观念，提高教师自身素质。

要向学生传授文化背景知识，教师自身应具有较强的文化意识，重视学习、积累和传授文化背景知识，注重语言与文化在普通课堂中的整合。一步地在课堂上介绍美国和美国的学生，凤凰大地的风俗，渗透西方文化的背景知识。

教师在树立正确的教学观念的同时，应广泛阅读与文化背景知识相关的书籍和材料。只有掌握和理解丰富的文化背景知识，深入了解中西方文化在不同层次和方面的异同，才能在课堂上解释语言知识，提高自身素质和文化素养。更能引导和教育学生进行文化背景知识的教学。

第三，认真选择实用教材。

在语言教学与文化背景知识教学相结合的过程中，我们必须有合适的教材来选择英语听力材料，我们应该选择的材料包括引入英美文化背景知识，即重视东西方文化差异的导入。同时也注重词汇文化意义的引入。在实践中，应该使用一些正宗的材料，也可以使用一些外国的英文原版教科书。一些原始教材包含了许多英美文化、习俗和习惯，可以作为听力练习的好材料。此外，西方影视节目具有时效性、实践性和趣味性，是了解西方文化的一种有效、直观的手段。在听力教学中，我们可以选择西方电视和电影节目的片段作为课堂理解材料，也可以向学生推荐课后广泛的听力。

第四，运用丰富多彩的教学方法。

文化背景知识不应局限于英语课堂。根据实际情况，教师可以要求学生在课后寻找和学习相关的背景知识，并做出进一步的理解。在课堂上，要充分利用视频、网络等多媒体资源。合作学习除了传统的"教师说、学生听"的方法外，还可以组织学生分组收集某一领域的文化背景知识，并将其引入课堂，教师可以给予相应的指导。让学生参与教学，增强学习兴趣。

下课后，教师应鼓励学生进行广泛性阅读和广泛听力训练。他们可以推荐丰富西方文化的书籍或视听节目。如有可能，可举办文化专题讲座，介绍西方节日、跨文化交流原则、圣经知识等。

（2）加强文化意识的培养

在英语听力教学中，加强学生文化意识的培养是非常重要的。听力材料的理解不仅取决于良好的英语知识，还取决于文化因素。许多学习者能够理解英语听力中的句子，但不能理解句子的意义，部分原因是他们不理解材料中所反映的文化。因此，有必要培养学生的文化意识。

在听力教学活动中，教师可以有意识地选择更多反映不同国家文化、习俗和宗教信仰的材料。跨文化意识的培养渗透到听力教学中。课堂时间有限，教师可以主动引导学生探索不同文化之间的差异。在听力教学中，教师可以推荐一些反映不同文化特点的电影。这样的电影可以帮助学生提高听力能力，同时也能让他们理解文化差异。

听力教师可以组织学生在听力课上听反映不同文化背景的材料，并将学生分成两组。找出了具体体现中所涉及的文化差异，并将其写下来，最后看哪一组写得更多。

二、多元文化条件下的英语口语教学

（一）英语口语教学的意义

1.英语口语可以帮助学生丰富词汇。

孤立的单词不易记忆，但句子和文章都是情节，词在句子中，接触到的记忆更好地理解。学生经常说英语，接触越来越多的新词和句型。这对学生灵活使用常用词汇和短语很有帮助。实践证明，英语表达能力强的学生具有较强的口语表达能力，并通过口语积累词汇。

2.口语能提高口语表达能力

只有在英语学习之初注意语音语调，大胆模仿，及时纠正课堂形态和舌位，才能说出标准的英语，这对培养学生的英语口语表达能力更为重要。它的作用有两个：第一，如前所述，口语训练有助于学生突破心理障碍。如果学生敢大声说英语，他们就敢说英语。经过学习和练习，学生不再是会说英语的"哑巴"。第二，反复朗读英语口语，特别是经过很长一段时间后，可以使学生形成一定的语感，并初步养成英语思维习惯。

3.英语口语可以促进学生听力和思维能力的发展。

教师可以阅读或播放课文的录音，使学生保持高度的注意力，激发他们的知觉和想象力。这些具体的意象不仅可以帮助学生记忆词汇和语言结构，而且可以增强学生的语感。学生可以在新课开始或熟悉新单词后演示英语口语。

4.口语训练有助于培养学生的语感

学习一门语言必须培养一种语言意识，这对学好一门语言起着重要的作用。语感强调，它是构成一个人的英语素质的核心因素，通过对语言的直观感受，最终达到对语言和文字的快速理解的境界。在言语实践中，言语意识和其他感官，如听觉、视觉等，通过与语言材料的接触积累语言知识，并体验其语音、语义、语调和语气。逐渐培养对语言的感知。

（二）英语口语教学内容

英语口语教学内容包括语音训练、词汇、语法、会话技能、文化知识等。

1.语音训练

发音是学习英语口语的基础。语音训练的目的是掌握正确的语音语调，包括重音、弱读、连读、音节、词组、停顿等。错误的发音或不同的语调会导致理解困难，甚至误解。

2.词汇

词汇是英语学习的基础，词汇是英语听、读、说、写不可或缺的基础。没有足够的词汇量，就没有足够的输出语料库，就无法进行信息交流和交流。词汇是信息的载体。如果没有足够的词汇量，就无法在大脑中形成预制的词汇块，这将不可避免地影响英语输出的效率。有效的词汇输入是词汇输出的条件。没有足够的词汇量，口语交际的功能就无法实现。口语教学应加强学生词汇的积累。

3.语法

语法是词形成句子的基本原则。为了达到交际的目的，必须构建符合语法规则的句子。只有符合语法规则的句子才能被听者理解。词汇是句子意义的载体，语法是句子结构的基础，为了实现口语表达的实用性和效率，必须将两者结合起来。

4.会话技巧

口语教学的最终目的是沟通、学习和运用一定的会话技巧，以使交际顺畅。

5.文化知识

文化知识在口语交际中也是非常重要的。交际的适宜性决定了学生必须掌握一定的文化知识，包括共同的文化规则和不同文化之间的交流规则。也就是说，学生不仅要有扎实的语言知识，还要有一定的文化知识。

（三）英语口语教学现状

英语口语教学的目的是培养学生的英语口语交际能力。因此，口语教学应该注重能力的培养，而不是知识的教学。口语表达的习得主要依赖于教师的指导和学生的实践。目前，英语教学已引起国内众多专家学者的关注，英语教学改革也取得了一定的进展，但口语教学的现状仍然不容乐观。英语口语教学还面临着一些问题。

1.学生自主学习的现状

（1）发音不规范，词汇量少

受汉语语言环境的影响，一些语音基础差的学生发音不正确，影响语义表达，有些学生有地方口音，听起来很可笑。语调和重音不能正确使用，这直接影响到英语口语的发音和语调水平。此外，由于缺乏实践，学生经常发现在口头表达中很难使用他们所学到的单词，从而导致无话可说或不知道如何说话的尴尬。

（2）缺乏实践

从学生的角度来看，他们已经习惯了在课堂上记笔记和课后做练习的长期学习模式，这种模式在口语学习中处于被动地位。他们经常在没有语境的情况下做大量的机械替代、句子建构等练习，没有形成积极参与课堂活动的意识，甚至害怕提问，害怕说话，学生的口语表达能力自然难以提高。

（3）心理压力大，缺乏自信

在应试教育的影响下，初中英语教学注重读写训练，忽视英语口语教学，使学生认识到英语口语教学的重要性。虽然有些学生说得不像他们想的那样糟糕，但他们仍然不愿意说英语。即使少数学生愿意口头交流，他们也总是紧张，担心自己错了，批评，嘲笑，更不用说那些发音不好的学生了。这些负面情绪和压力明显不利于学生口语能力的提高。

2.英语教师教学现状

（1）教学方法落后

在我国，口语教学已成为整个英语教学的一部分，并没有得到独立的教学。因此，英语整体教学中存在的问题直接反映在口语教学中。教学方法的滞后是一个重要的问题。在口语教学中，教师也习惯性地采用"讲解一种实践和使用"的传统教学模式。这似乎反映了教学规律，但实际上限制了学生的积极性。在这种教学模式下，学生只能被动地接受老师传授的词汇和语法知识，在没有语境的情况下做大量的机械替代、造句等练习，不能有效地锻炼学生的口语表达能力。

（2）语文教学

提高英语口语水平的一个重要方法是多听多说。然而，由于学生的英语水平参差不齐，许多英语教师不得不放弃教学，以使所有学生都能跟上教学的进度，这无疑会使英语的使用环境恶化。它减少了学生用英语相互交流的机会。此外，为了赶上教学进度，应付CET-4和CET-6，教师也用汉语教授知识点。

（3）教学方法不够完善。

在英语口语教学中，许多教师缺乏科学合理的方法来引导学生的口语表达。

具体表现在以下几个方面。

1) 许多教师在口语教学中采用逐字逐句的纠错方法，使学生相互依赖，降低了学生的学习积极性。

2) 很多教师没有为口语主题提供足够的语言支持，如为学生提供必要的词汇、重要的句型等。

3) 许多教师对口语话题没有正确或必要的解释，也没有从概念、情感、文化、价值等方面对话题进行拓展。学生对这个话题没有一个透彻的理解，所以自然很难有意义的互动。

4) 许多教师没有从学生的角度指导口语使用策略，如何根据说话人的意图、语言功能、语境等来组织口语内容和方式。

（四）多元文化视野下的英语口语教学

1. 文化差异对英语口语的影响

（1）词汇等交际文化对英语口语的影响。

各种语言除一部分核心词汇外，许多词汇都有着特定的文化信息，即"文化内涵词"（culturally loaded words）。这些词会影响到学习者对英语的IE确使用。比如说黄色一词在中文有淫秽的含义，中国人很容易把yellow book理解成黄色书刊，殊不知在美国这是指黄页电话号码簿，因为美国人用黄色的纸印刷电话簿的。此外，有些词语的表意也是很丰富的。英语的cousin一词对应的中文中的堂兄、堂弟、堂姐、堂妹、表兄、表弟、表姐、表妹这些词，可谓一词多义。汉语中表达烹饪的词汇有五十多个，英语中却只有十几个，所以不能简单地将英汉词汇简单对等。

（2）成语文化差异对英语口语的影响

无论是中文还是英文，都有丰富的成语。它们又短又生动，是历史文化积淀的产物，没有对文化背景的深入了解，成语就无法被理解，这两种文化中最典型的对待狗等动物的态度。汉语中含有狗的习语大都是贬义词，如狼心狗肺、狗急跳墙；而西方人则认为狗是人类忠诚的朋友，因此和狗相关的习语是没有贬义的，如Every dog has his day意思是凡人皆有得意日，Love me, love my dog译为爱屋及乌，You are a lucky dog则是夸对方是幸运儿。因此，认识习语中的单词，并不代表了理解这个习语的意思，想要在英语口语中正确使用习语，必须掌握和习语有关的文化知识。

2. 多元文化对英语口语教学的启示

（1）在英语口语教学中要培养学习者的宽容的语言态度

作为一种语言，非本族语者的数量远远高于以英语为母语的人。据估计，使用英语的人数接近世界人口的1/4,而学习者的人数则是数不胜数。面对这一现实,从事英语教育或学习的人应该充分认识到,英语学习的目的不再局限于与"英语、美国、加拿大和澳大利亚"等以英语为母语的人交流。相反,我们使用英语与不同背景的人进行跨文化交流,因此我们的英语教学面临着双重任务:调和认识英语文化背景之间的差异,以保持国际交流的互操作性。也就是说,要教地道的标准英语,同时要考虑到英语最大使用者的社会和心理需求,即非母语人士。特别是在口语教学中,学生应增加对不同语境的感性理解。熟悉各种英语文化,培养学习者开放宽容的语言态度,即对多元文化英语的宽容,提高跨文化交际的意识和能力。

(2)增加对自然语言的投入

英语的多元文化首先是语言的差异。在口语培训中,我们需要创新,并适当提高多元文化背景的可见度。自然语言成分应该添加到所选的口语材料中,例如基于日常场景的真实对话,包括重复、省略、简化、停顿、来自世界各地的不同口音,它甚至包含一些不符合语法的元素。为了使学生掌握英语中的各种自然表达方式,我们不仅要使用一套教材,还要增加一些辅助听力材料,特别是真正的录音材料。由于现实生活中人们的语言差异很大,口语教学内容也应该丰富多样。让学生在口语语境下听到和适应不同的文化,以提高学生的学习灵活性,适应时代的需要。

(3)在英语口语学习中,英语国家的交际动机和社会文化认同对学生的参与动机起着决定性作用

英语口语学习的目的是将英语作为一种交际工具。随着多元文化主义的迅速发展和英语口语课堂的进步,我们所传授的知识必须与时俱进,适应社会的需要。学生应该有使用英语作为交际工具的动机,以及学习和理解英语国家文化差异的愿望。因此,学习参与的态度将是积极的、积极的,而且效果将是明显的。教师应从主观上丰富理解英语多元文化,增强学生学习英语国家社会文化认同的积极性,激发学生的参与精神。教师需要考虑学生是否能够利用将来所学到的知识,以及是否能够与所学到的知识进行交流,因此,他们应该向学生传授一些实用知识。

(4)提高教师和学生的文化意识

提高学生的文化兴趣,培养学生的学习文化意识,是英语口语教学的一个重要方面。

在教学过程中,教师要有意识地向学生介绍不同国家文化差异的知识,以激发学生的兴趣。在对英语口语材料的解释中,教师可以向学生提供一些视频材料,直观地反映不同文化在生活中的不同表达。学生也可以分组比较两国之间的文化

差异，看看哪一组发现的差异最大。学习一门外语意味着适应一种外国文化。

在基于文化差异的英语口语教学中，教师需要激发学生的文化意识。只有这样，他们才能获得更真实的英语，培养学生的英语思维。同时，提高英语水平也是必要的。

第四节 多元文化下英语读写译教学

一、多元文化条件下的英语阅读教学

（一）英语阅读教学的意义

英语阅读不仅是英语学习者的目的，也是他们的学习手段。英语阅读教学在许多方面都具有十分重要的意义。

1.阅读是培养语感的最好方法。

目前，许多英语学习者认为英语阅读是一种艰苦的阅读。事实上，英语阅读应该是轻松愉快的，也可以是轻松的。要阅读，你需要阅读，也就是说，选择阅读材料（或书籍）。在选择材料时要遵循简单的原则，坚持最简单的地方，从简单的地方学习。建议学习者从简单的阅读中选择生动、有趣、有吸引力、有启发性的阅读材料，而不是在一开始就用原始的英语书硬读、死记硬背。简单的东西可以学会使用，从而增加学习的兴趣，也就是阅读兴趣的原则。

2.阅读提高技能和兴趣

英语学习者通过阅读发展自己的阅读能力，并在阅读能力的基础上发展听、写、说、译等其他能力。随着阅读能力和语言知识的不断提高，英语阅读量将不断增加。学生的部分注意力转移到阅读材料的内容上。英语学习者通过对学科和内容的兴趣，感受到英语阅读的进步和成就，这反过来又进一步激发了他们对英语学习的兴趣。通过广泛的英语阅读，英语学习者追求知识，拓宽视野。它进一步促进了英语学习动机的增强。

3.阅读有利于全面发展。

英语阅读不仅增加了英语学习者的知识和兴趣，而且提高了他们的抽象概括能力、归纳综合能力、逻辑思维能力和记忆理解能力。一方面，阅读是从文字到思想，另一方面是从思想到文字。文章的理解离不开读者已有的背景知识，也离不开读者对语境的猜测。

4.阅读是获取信息的主要途径

对于大学生来说，外语自学除了满足与外国同行直接交流的需要外，主要是

利用外语获取专业信息，为自己的工作服务。获取信息可以"听到"，但主要渠道是"阅读"，无论信息载体是互联网还是电子书或纸质书。

（二）英语阅读教学的内容

无论是哪种教学，教学内容都必须以教学目标为出发点。英语阅读教学的目的是培养学生的阅读能力，使他们能够通过阅读材料获得所需的信息。为此，大学英语阅读教学应包括以下内容。

（1）识别语言符号，猜测不熟悉词的含义和用法，（2）理解文章的概念和隐含意义，（3）理解句子的交际意义和句子之间的关系，通过衔接词理解文章各部分之间的意义关系；（4）识别语篇指示语，确定语篇的主要观点或主要信息；（5）从支持性的细节上理解主体；（6）总结文章的主要信息；（7）培养基本的推理能力；（8）培养跳过技巧；（9）培养阅读技能；10．绘制信息图表。

（三）英语阅读教学现状

培养学生的阅读能力是大学英语教学的重要任务之一。它也是掌握语言知识、奠定语言基础、获取信息的重要渠道。然而，大学英语教学中也存在一些问题。

1．学生自主学习的现状

（1）母语思维的影响

在文化和思维方式的影响下，英汉语言在句子结构上也有很大的差异。例如，英语句子中只能有一个谓语动词。动词受形式变化的制约，是句子的中心。在一些连接词的帮助下，句子的其他语法成分层层建立起来，呈现出从中心延伸到延伸的"分叉"结构。在汉语中，通过多种动词的组合或流句的形式，根据时间的顺序和事物的传递方式，可以清楚地看出一种线性的"排列"结构。

例如，汉语习惯于把次要的描述信息放在句子的前面，重要的信息放在句子的后面。相反，英语句子的表现形式是把重要的信息放在句子的前面，把次要的信息放在句子的后面。如果学生掌握了汉语和英语句子的差异，他们就能合理地分配注意力，提高阅读的速度和效率。

因此，在英语阅读教学中，教师不仅要注重对语言知识的解释，还要注重对学生进行跨语言和文化思维的训练。

（2）阅读习惯差

阅读习惯对阅读学习有最直接的影响。每个学生都有自己的阅读习惯，良好的阅读习惯可以使学生在短时间内获得最需要的信息，而不良的阅读习惯会抑制阅读的有效性。纵观我国大学生的阅读现状，我们发现很多大学生都有阅读的不良习惯，概括如下。

1）用笔或指手画脚逐字阅读。

2）朗读大声地或安静地朗读。

3）重复前一次阅读。

这些不良习惯大大降低了阅读效率，也严重影响了阅读学习的效果。因此，在教学过程中，教师应及时发现和纠正学生的不良习惯，培养正确的习惯，从而帮助学生提高阅读学习的效率。

（3）缺乏背景知识

学生是教学的主体，是影响教学效果的主要因素。因此，学生英语阅读教学中存在的问题在很大程度上制约了英语阅读教学的顺利开展。目前，学生缺乏背景知识的问题十分严重。

缺乏必要的背景知识是造成阅读困难的主要原因之一。背景知识是指学生掌握的各种知识，包括语言知识本身、文化背景知识和学生现有的生活经验和经验。丰富的英语文化背景知识可以促进学生英语阅读能力的提高；反之，背景知识的缺乏会导致阅读理解上的误解或困难。目前，我国学生普遍缺乏英语文化背景知识，不了解英语国家的历史、地理和文化，制约了英语阅读教学的顺利开展。例如：

The eagle always flew on Friday.

eagle是美国的国家象征，经常出现在美国钱币上，由此eagle在这里喻指美国钱币，于是我们可以推测这句话是想表达"美国人总是在周五发工资"。如果将其理解为"老鹰通常周五都飞来"就大错特错了。所以，学生只有进行广泛阅读，多了解英语国家的背景知识，才能提高阅读速度，保证阅读理解的准确性。

2.英语教师教学现状

（1）教学机械化，缺乏创新

大学英语教学仍然采用传统的机械教学方法：课前预习；课堂简介；讲解困难；提问；课后记忆。这种教学方法存在许多缺陷。

1）学生在课前准备方面没有明确的目标。

2）教师的介绍总是在课堂上，学生不参与。

3）简单的理解练习只能测试学生的理解效果，而不能测试学生的理解能力。

总之，这种互动教学方法的缺乏将不可避免地限制了学生对教师的知识圈，也不会提高学生的世界知识和理解技能。

（2）应试教育倾向严重

在我国的英语阅读教学中，应试教育还存在着严重的问题。

在阅读教学过程中，教师更注重对应试技能的讲解，而忽视了学生阅读能力的提高。例如，CET-4和CET-6都对应试教育产生了怀疑.此外，大学英语成绩测试也是笔试。虽然它们对英语教学有积极的反拨作用，但它们只是语言表达上的判断。此外，在各个层次的测试中，只要我们掌握了几个关键词，问题就能得到解决，这使得学生的阅读水平只能局限于粗略的理解，而不能在实际意义上得到提高。

尽管有些教师知道应试教育对学生能力的培养有一定的阻碍，但在教学和绩效等因素的压力下，没有精力去改变，所以他们陷入了两难境地。教师在英语教学中起着非常重要的作用。这些问题要求教师提高专业水平，并得到相关教学部门的支持与配合。

（3）教学观念落后

英语阅读教学中还存在一些严重的问题。许多教师只注重知识的教学，盲目地解释新词，逐段分析，进而重视答案，轻视学生阅读理解能力的培养，甚至忽视学生在学习过程中的主体性。作为一种重要的语言技能，阅读能力的培养有利于学生分析、思考和判断能力的提高。提高学生的人文素养，激发学生的学习兴趣，拓展学生的视野，提高学生的综合语言运用能力，具有十分重要的意义。教师应该认识到阅读是学生的一种主观的、个性化的行为，教师不能用自己的分析来代替自己的阅读实践。因此，教师必须努力改变英语阅读教学中的旧观念，给学生更多的阅读和锻炼机会，帮助学生提高阅读水平，提高阅读教学质量。

（四）多元文化环境下的英语阅读教学

1. 文化差异对阅读的影响

文化差异在很大程度上决定了语言的差异，从而影响了阅读材料的理解。

（1）联想意义上的文化差异

由于中西方文化渊源不同，人们对同一事物有不同的理解。例如dragon这个词给西方人和中国人引起的心理反应是有很大不同的。中国古代用龙作为帝王的象征，把龙字用在帝王使用的物品上，中国人历来把"龙"视为"吉祥"和"权力"的象征，因而我们的语言里就有了"龙飞凤舞""望子成龙"等一系列习语。然而，在西方的文化中，"龙"却被看作是长翅膀，大多会喷火，穷凶极恶的怪兽，代表凶恶和残暴，在俗语中还被认为是"凶狠的人"。如果对一位英国朋友说："I wish your son to be a dragon."这位朋友一定不高兴。同一篇文章，不同文化背景的人会读出不同的感受。

（2）句子层面的文化差异

文化障碍不仅存在于丰富的词汇层面，也存在于句子层面，包括典故、成语和谚语。句子中隐含的文化差异构成了外国人理解句子的障碍。习语是文化的一部分，英语丰富的习语活跃在英语文化圈内，给中国学生的阅读带来了障碍。《新视界大学英语》第一册第六单元里有一篇课文选自博客，文章使用了大量的习语。

例如,"She can talk the hind leg off a donkey"句子中短语"to talk the hind leg off a donkey"中"talk"为不及物动词,后面本来不直接加宾语,很难理解,而知道这是习语的人就很容易理解此句,意思是她一直不停地说了很多以至于驴子的后腿都掉下来了,所以可以翻译为"只要她一开口,就能滔滔不绝。"又如,"The world was my oyster..."这个习语的意思对我来说,生活中充满着无限的机遇。在这个世界里我可以做任何事情(或许能在牡蛎中找到珍珠)。

(3) 成语典故的文化背景

语言是文化的重要组成部分,也是文化的载体。每一种语言都是一个国家文化发展的产物,具有悠久的历史背景和丰富的文化内涵。每个国家都有自己独特的发展历史、生态环境、民俗等。因此,每一种语言都有自己的文化词汇、习语等,以反映这些思想和事物。在理解这些词时,非母语学习者经常遇到障碍,例如:单元的主题是人和动物。中国学生很难理解动物福利的增长和权利意识的提高,以及利用法律手段保护动物免受人类虐待的问题。但易,文本也涉及动物习语和表达。

2.多元文化对英语阅读教学的启示

(1) 因材施教

不同的学生有不同的个性和语言水平。在以学生为中心的教学理念指导下,英语阅读教学必须按照因材施教的方法进行。这就要求教师选择合适的教学方法,以满足不同层次、不同目标的学生的特殊需要,使每个学生的阅读技能都得到提高。具体来说,教师需要注意以下两个方面。

1) 对于倒置阅读能力较差的学生,教师应选择较简单的文化阅读材料(如短篇小说),设计相对简单的问题。当学生回答正确的问题时,他们会有一种成功的喜悦感,并找到学习的信心和乐趣,这样他们才能更有热情地阅读。

2) 对于阅读能力强的学生,教师可以选择具有挑战性的阅读材料(如世界名著、杂志等)。同时分配一些具有挑战性的任务,让学生在挑战新高度的同时,扩大视野,拓展视野,达到更高的水平。

(二) 多样化

多样化包括两个方面:进口内容的多样化和进口形式的多样化。

1) 进口内容多样化

内容介绍的多样性要求教师做到以下两点。

首先,选择的材料应经常适应不同的类型,而不限于一种类型。只有这样,才能满足学生不同的需求,使他们熟悉不同体裁的不同特点,提高阅读理解的准确性。

第二，选材不应局限于某一主题，而应经常成为主题。只有这样，学生才能增加他们的不同文化知识，提高他们的阅读理解能力。

2）进口形式多样化

进口有多种形式，主要有以下两个方面。

首先，根据实际情况，运用比较、整合、诠释、经验等方法介绍相关的文化知识。

其次，通过图片、视频、音频等材料来解释和解释一种文化现象，使学生从真实的文化环境中了解和掌握语言的文化内涵，体验英语国家的文化。

值得注意的是，教师作为教学活动的指导和组织者，发挥着文化传承的作用。因此，在文化引导过程中，教师除了要注意上述方面外，还应在课堂内外不断加强自身的文化素养，并在阅读教学过程中融入相关的文化背景知识和内容。教学语言的深层文化内涵。

（3）以多种方式引进文化

1）差异的比较

英语和汉语有很大的文化差异。这些差异的对比有助于激发和培养学生在学习方法和内容上的直接兴趣。

通过对比英汉语言的差异，教师应该让学生了解不同的语言及其背后的不同文化，理解不同的语言有不同的表达方式。通过这种文化差异的对比，增强学生的文化理解能力。例如，学生看到 blue movies 知道其意思是不是"蓝色电影"，而是"黄色电影"，看到 black tea 知道其意思不是"黑茶"，而是"红茶"。必须指出的是，文化差异的比较不应局限于教科书所提供材料的内容，而应通过语言加以看待。通过教材提供的语言材料来理解和把握其中所蕴含的民族文化意义，对词语的枯燥解释和对文本结构的分析变得生动有趣。只有这样，才能最大限度地激发学生的学习兴趣，使他们能够同时学习英语知识和英语国家的文化。

2）教师介绍

教师是学生获得英语文化知识的重要来源。因此，在英语阅读教学中，教师应充分发挥自己的作用，引入和解释文化知识。在阅读理解课堂教学中，教师可以结合教材安排一些专题，介绍美国和美国的文化背景知识。例如，我们可以安排英美国家的宗教、价值和婚姻话题，并结合这些主题介绍和解释英美国家的文化背景。使学生对英美国家的文化背景有更系统的了解。

3）课外阅读

英语阅读教学不应局限于课堂教学。毕竟，课堂教学时间是有限的，教师应该引导学生充分利用课外时间去阅读，接触更多的英语文化知识。教师可以推荐英美国家的文化知识书籍，包括小说、杂志、报纸等，并鼓励学生通过广泛阅读积累英美国家的文化背景知识。

4）角色扮演

在阅读教学中，教师可以紧密结合教学内容，根据日常生活接触习惯，根据不同的功能，如 greeting，asking the way，shopping 等，让学生分工发挥作用，以提高学生的学习兴趣，激发学生对课堂学习的参与。提高学生运用文化知识的实践能力。

（4）循序渐进

由于学生的语言能力不统一，在阅读教学的基本阶段，教师在选择介绍内容时，不应选择难以理解的文化知识，而应采取循序渐进的方法。从浅到深，从简单到复杂，逐步进入相关的文化知识和内容。此外，在从英语国家引进文化背景知识时，教师应选择与学生生活密切相关的内容，或寻找方法将内容与学生的生活联系起来。只有这样，才能更好地调动学生学习英语的兴趣和积极性。

（五）相关性

所谓关联，即阅读教学中导读的文化知识，应以与材料主题、作者、写作背景等相关的文化背景知识为基础。因为这些信息往往会影响到课文的写作，进而影响学生对课文的理解。因此，教师在阅读教学中引入文化知识时，必须给予足够的重视，以帮助学生更准确、更深入地理解阅读材料。

应当指出的是，虽然关联原则要求教师在阅读教学中包括背景知识，但必须在不影响教材本身教学的基础上进行，文化的引进应占有适当的比例，而不是占主导地位。最后，把阅读课变成文化课。在此前提下，教师应进一步确保文化背景知识的基础、相关性和必要性。

二、多元文化条件下的英语写作教学

（一）英语写作教学的意义

写作是表达人类思想和传播知识的最重要的手段。对于大多数学生来说，写作是母语习得和第二语言习得的一个相对问题。特别是在中国学生把英语作为第二语言学习的时候，英语写作不仅是表达思想的媒介，也是学生掌握语言的重要手段。英语作文作为学习者语言输出的重要手段，最能反映学习者的语言基础、认知水平、思维高度和语篇综合运用能力。因此，写作教学在英语教学中起着重要的作用。

（二）英语写作教学的内容。

事实上，英语写作是以清晰严谨的思维形式表达"论证+论证"。它是英语综合能力的表达，包括语言的逻辑分析能力、组织能力和应用能力。

(三) 英语写作教学现状

英语写作能力是英语语言水平的重要组成部分。然而，长期以来，在大学英语四级和六级考试中，学生的英语写作能力一直没有得到有效地提高。近几年来，学生的听力成绩和阅读成绩都取得了显著的进步，但写作成绩却很少得到提高。

1.学生自主学习的现状

（1）意识形态方面

在我国英语写作教学中，教师不愿"教"，学生不愿"实践"。从学生的角度看，由于写作既涉及语言又涉及内容，学生在语言表达上存在困难，缺乏及时的反馈。如果学生得不到及时、有针对性的反馈，就会进一步阻碍他们提高英语写作能力。

（2）注重模仿而非创造。

强调模仿和忽视创作是中国英语写作的主要弊端之一。虽然模仿是写作教学的起点，但它也是写作学习的必要阶段，它促进了中国学生（尤其是英语写作学习者）的学习和写作，但模仿并不是写作的最终状态。虽然它可以提高学生的写作学习效率，但过度模仿不利于学生写作能力的可持续发展。因为写作不仅是一个个体的心理行为，也是一个创造的过程。从构思、写作到修改，写作过程始终体现着作者的个性和独立的思维能力。写作过程中的意义和价值是学生创造的。盲目模仿会抑制学生的写作积极性和主动性，进而影响学生的写作动机和兴趣。

2.英语教师教学现状

（1）缺乏系统的写作教学。

1）教学目标

任何一种技能的学习都不是一朝一夕就能完成的，教学也不可能立竿见影。因此，英语写作技能的培养也需要一个渐进、系统的过程。这种循序渐进的教学方法应体现在教学目标的系统化上，这是实现英语写作目标的根本保证。

英语写作目标缺乏系统性是由于学生的总体目标（即根据学生的生理和心理特点，结合自己的写作教学规律）所造成的。此外，英语课程要求的总体任务与阶段性目标（即一系列基于总体目标的阶段性目标）不协调，总体目标与子目标之间缺乏连贯性和凝聚力。造成这种情况的原因可能是显性目标与内隐目标系统之间的不平衡，或者是对写作目标系统与学生实际写作之间关系的模糊理解。无论是什么原因，总体目标与阶段目标之间的不协调都会明显影响目标的实现。因此，学校和教师必须克服这些弊端，把握英语写作教学的总体目标和阶段性目标。

英语写作教学目标难以实现的主要原因之一是教师对英语写作教学目标与学生实际之间的关系认识不清。事实上，目标是教师和学生对学习结果的期望，这是一种未实现的状态，教学目标与学生实际之间必然存在一定的差距，适当的差距有利于学生写作能力的提高。然而，过大与过小的差距不利于学生写作能力的提高。在此基础上，英语写作教学可以看作是一个帮助学生实现目标的过程。英语教师和学生可以利用目标和实践之间的距离，设定一些教学步骤，熟悉实现每个环节的条件、困难和可能性。否则，如果教师不清楚写作教学目标与学生实际情况之间的关系和意义，就会导致行动和反应的滞后，这将直接影响到写作教学的质量。

2）教学方法

英语写作教学的系统性不足也体现在教学方法上。所谓方法，是一种活动程序或规则的规定，是一种可以引导人们根据一定的程序、规则进行行动的模式。系统化是英语写作教学方法的内在规律，是教学方法有效应用的重要基础。没有这一体系，教学方法就失去了意义和价值。这是因为教学方法实际上是整个教学系统的一个子系统。它与教学目的、教学内容和师生互动密切相关：没有明确的教学目标，写作教学就会失去方向，没有教学内容，教学方法就毫无意义。没有师生之间的互动和双边性，这种教学方法就没有价值。因此，不同的教学目的、内容、师生关系应该对应不同的写作教学方法和操作。在不同的内外部条件下，写作教学方法的系统操作将呈现出不同的层次和层次。因此，英语写作教学方法的操作必须根据教学体系的各个组成部分进行，否则会出现各种矛盾和冲突，影响写作教学的效率。与我国英语写作教学方法相比，这些方法大多是无效和失败的，因为它们大多不系统、不一致、缺乏针对性。

3）写作教学

写作指导思想的系统性与否，直接影响着写作教学的质量。虽然写作技能和写作技能的生成需要大量的练习，但更多的练习并不等于粗放的练习。如果写作练习缺乏目的，即使需要很多时间，它也是无用的。此外，从文字和句子的生成到段落和章节，从写作叙事到论证，从构思、写作到修改，整个写作都是一个从简到深的系统运作过程。因此，教师对李升的指导也应该是系统的。然而，我国的英语写作教学大多缺乏这样一种系统的教学方法。教师和学生在写作时没有明确的目标，更不用说有长远的计划，而是用教材随意传授写作知识和技能，这大大降低了写作教学的有效性。

（2）强调形式、过程和内容

长期以来，我国英语写作教学一直注重形式、过程和内容。造成这一问题的原因如下。

1）缺乏英语思维

在英语写作教学中，教师往往强调学生应该用英语思维来写作，避免使用中式英语。但很难做到。毕竟，对中国学生来说，英语是一门外语，汉语是母语。

学生的汉语思维方式根深蒂固，很难使英语思维成为一种习惯。

此外，许多人认为语言形式在英语写作中的作用是不可避免的。因此，在英语写作教学中，仍然存在大量关注文章的规范化和结构化，忽视文章的内容和思想的现象。一些教师也把文章结构和语言形式作为写作教学的主要内容。新学生将学习掌握写作的结构和形式，作为写作学习的最终目标。这些都使得写作教学难以达到写作的核心。

2）受历史传统的影响

在早期的英语写作中，为了快速写出一篇合适的英语文章，人们常常模仿类似文章的语言形式和结构来写作。随着时间的推移，教师和学生都把形式作为英语写作教学的重点，忽视了写作的过程和内容。写作是一种模仿，而不是创造。

事实上，内容和过程对写作也很重要。一篇好的文章应该有丰富而深刻的内容，而仅仅是模仿形式是不可能做到的。文章的语言形式和结构只是作者表达思想感情的一种手段。对学生来说，掌握文章的结构和格式是很重要的，但是过分强调他们的角色并不是件好事。由于文章的思想和观点是写作教学的根源，文章的结构和语言形式是写作教学的支撑点，文章的根源得不到保障，分支明显失去了存在的基础。

（3）教与学颠倒

写作教学不是一门知识课程，学生的写作技能不能通过教师的讲解获得。原因如下。

1）写作是一项涉及写作技能和能力的实践活动。因此，写作教学应辅之以学生的实践和教师的知识转移。

2）写作教学的目的是提高学生的写作能力。因此，写作应该是学生的个人活动。教师过多的解释只会耽误学生的写作时间，进而影响学生的写作积极性和主动性。

然而，中国的英语写作教学一直以来都是教与学相互逆转的现象，主要体现在以下两个方面。

1）教师在写作教学中仍然存在理论知识解释的问题，使学生特别是新生容易感到写作枯燥、无用、厌倦、害怕困难等，对写作失去了兴趣。最后，它将影响英语写作教学目标的实现。

2）教师往往以自己的写作经验作为指导学生写作的依据，经常使用不恰当的话语指导或规则来指导学生的写作，从而剥夺了学生的话语权，限制了学生的自主思维。它简化了学生写作过程中的心理体验，抑制了学生写作的创造性，使学生盲目地跟风而行。这明显扭转了教师和学生在写作教学中的地位，很容易使学生在写作过程中思维、写作和情感体验相同的现象，写作创新能力不能真正提高。

（4）校正方法缺乏有效性

作文修正方法也是写作教学中的一个重要问题。许多教师在批改作文时仍然注重拼写、词汇和语法的纠正，而忽视了学生在写作过程中思维能力的培养，导致学生在写作过程中过分追求正确错误的语言。而忽视了对文章结构、逻辑层次的把握。

此外，教师对学生作文的批评也同样重要。一些教师盲目地指责学生写作错误，但缺乏鼓励，这就限制了学生的写作积极性，导致学生被动应对和被吓倒。你不能纠正你在写作中所犯的错误。

（四）多元文化语境下的英语写作教学

1.英汉写作中的文化差异

汉语和英语是两个截然不同的语言符号系统。由于学习英语受到汉语的影响，中国学生习惯了用汉语思考。无论是在词汇、句法、语篇结构还是思维方式等方面，他们的作文都不可避免地带有汉语的痕迹。

（1）词汇方面

每一种语言的词汇都能反映语言的社会观、制度和风俗习惯。不了解语言的具体文化背景，就很难理解词汇的确切含义。此外，英语中的某些词类与汉语也有不同之处。例如，英语名词分为可数名词和不可数名词，动词分为及物动词和非及物动词，形容词分为谓语形容词和定语形容词。在英语写作过程中，学生应特别注意英语词汇的特点。

1) 词汇的虚无

汉语思维具有整体性和综合性，英语思维具有分析性和独特性。这种思维差异表现在语言上：中国人倾向于使用词的概念，即泛化和模糊词，而英语更倾向于词汇的概念，即具体的词、具体的和微妙的词。

2) 词性差异

汉语中词性的定义相对松散，词类的词性往往以句子的形式表现出来。如果它单独出现，就很难判断它的词性。然而，大多数英语单词在进入句子之前通常都有一定的词性。由于汉语的影响，中国学生在掌握英语单词的词性方面相对缺乏严谨性。他们在用英语写作时，只注重词的意义，忽视词性，造成许多语言错误。

3) 词语搭配

由于文化背景的不同，英语单词和短语的搭配也存在一定的差异。例如，汉语中的一些词在不同的语境下在英语中有不同的表达方式，而且这些表达方式是传统的。如果我们忽视这些差异，我们就会犯语言错误。

例如，许多学生习惯于将"学习知识"称为"学习知识"，这显然是错误的，正确的表述应该是获取知识。如果你按照汉语的习惯来建构英语表达，那就会导致不恰当的搭配。

4）词义的文化差异。

中西文化背景以及思维方式的差异导致英汉两种语言所包含的文化内涵也存在差异。例如"龙"（DRAGON）在中国人眼里是吉祥的特征，而在西方却是象征邪恶。若将"望子成龙"译为：to hope one's son will become a dragon，英美人士会感到奇怪。

但译为：to hope one's son bright future，英美人士可以获得与汉语读者相近的或相同的理解。

（2）句法方面

英汉句子结构上最基本的区别是：汉语句子并列、英语句子重合、汉语句法关系主要通过语序和语义关系来表达，他们不追求形式完整，往往只追求意义。英语句法强调句子的结构完整性和逻辑合理性。具体来说，英语中有多种形式的变化，如语音、时态、人称和数字。英语句子一般都有一个清晰的逻辑中心，无论句子中的附加成分多么复杂，始终与中心成分保持着清晰的逻辑关系。从而形成了以主谓结构为核心，以各种分句、短语为修饰和扩展的句法结构。

1）句子的语序

语序是词在句子中排列的顺序。汉语和英语都有严格的语序要求，但两种语言的结构和语序不同。具体而言，汉语的语序从远到近，从大到小，从重到轻，从一般到特殊，从主观到客观，从整体到个体，而英语正好相反。因此，许多中国学生在写作中出现了语序错误。

2）句子时态

不同的语言有不同的时态，有些语言几乎没有时态。汉语主要用词语来表达各种时间和行动。汉语中除了"着""了""过"的若干说法与英语中的进行时、完成时，过去时相对应外，别无其他与英语相对应的时体形式。英语不仅有时态，而且种类繁多（有16个时态）。通过这些时态，英语准确、细致地描述事物的状态或行为过程，有时甚至表达说话人的情感色彩。

3）句子的语态。

被动语态在汉语中很少使用，即使使用被动语态，也大多表现出对主语不满意或不满意的东西，如"挨打""受罚""被批评"等。然而，被动语态在英语中经常被使用，特别是在科学英语文学和英语新闻报道中。此外，在汉语不强调执行者的情况下，一般不使用被动语态，主动和被动的意义也不混淆。在英语中，只要句子具有被动意义，一般都是在被动语态中使用。汉语和英语在语音使用上的差异常常会导致语态上的错误。

4）句子结构

中式英语也常表现在句子主语的选择上。一般来说，汉语句子主语可以很长，而英语句子主语可以尽可能简洁，以保持句子结构的平衡。中国学生之所以会犯错误，是因为他们忽视了这种差异。

5）句子的衔接。

英语句型是可变的，而汉语句子则是固定的。英语句子往往以主谓结构为核心，以各种连词、短语和分句进行修饰和扩展，句子结构复杂，但读起来生动。由于受汉语句式的影响，中国学生在写作中经常使用一系列简单的句子或句法复合句，导致句子结构单一，阅读单调乏味。

（3）文本方面

英国人崇尚理性，强调形式逻辑和分析思维，他们的思维方式可以称为直截了当的思维方式。中国人注重辩证思维，思维方式是螺旋式的。英语写作体现在写作中，强调结构清晰、篇章连贯、逻辑性强，需要有一个直截了当的起点。英语文章通常把主题放在句子的开头，每一段只有一个主题，然后用加长的句子来演示或解释主题。但中文文章受中国传统文化和思想的影响，开篇文本一般不指向问题，但经过反复的争论，才会呈现出最重要的信息。

2.文化差异对写作的影响

语言至少有两种功能，一种是它的结构，另一种是它的应用，它决定了语言的恰当性，如说话人的身份、社会习惯等。沟通的真正目的是否已经实现。因此，学习和使用英语必须了解与英语密切相关的文化以及中英两国的文化差异。

3.多元文化对英语写作教学的启示

（1）文化介绍

为了最大限度地减少汉语对学生英语写作的负面影响，教师应鼓励学生通过多种渠道把握中西方文化差异和英汉写作差异。提高学生运用语言的实践能力。

中国学生的英语学习是在中国的文化环境中，思维、表达和写作都受到中国文化的影响，这对学生理解和运用英语思维，表达和写出真实的英语作文是非常不利的。因此，在英语写作教学中，教师可以利用图片、音频、视频等教学手段，为学生创造良好的英语学习环境，使学生更多地了解英语的文化背景。学生和外籍教师、学者等也可以安排交流，了解英语文化的各个方面。通过各种渠道的理解和接触，学生开阔视野，加深对英语的感知，提高英语运用能力。随着时间的推移，他们逐渐学会用英语思考、表达和写作，以避免中式英语。

（2）英汉写作对比分析

文化差异使英汉语篇写作具有各自的特点。鉴于此，教师可以有意识地分析和论证英汉语篇中句子和文章的结构,从而使学生了解二者的不同之处,并有意识地避免汉语思维对写作的影响。写一篇更符合英语表达和英美文化的作文。例如,在精读教学中,教师可以通过对课文的详细分析,使学生理解和掌握各种主题和体裁的写作技巧和注意事项,如课文如何发展主题、如何组织段落、如何完成连贯等。它有助于学生对正确的英语篇结构形成三维、全面的理解。

此外,在批改作文时,教师应指出与学生写作中的英语表达习惯不一致的句子,并将它们与真实的表达方式进行比较,使学生能更清楚地看出两者的不同之处。在修订过程中,我逐渐学会用英语思考,形成正确的表达方式。

(3) 读写结合

俗话说:"读书破万卷,下笔如有神"。因此,阅读与写作有着密切的关系,阅读是写作的基础。作为语言输入的一种方式,阅读可以作为一种语言输出积累语言材料,不仅可以让学生知道要写什么,还可以让他们知道怎么写。因此,在英语写作教学中,教师应让学生阅读大量题材广泛、体裁各异的英语教材,以了解英美两国人民的思维方式、思想感情、价值观、道德标准、社会文化、历史传统等。积累英语写作材料,培养语感,学习写作技巧和著名作家的经验等。

应该指出,为了充分发挥阅读的作用,教师应该给学生在阅读的同时做笔记和阅读的良好习惯,从而为发展思想、学习经验和模仿写作铺平道路。只有这样,学生才能更快、更有效地提高写作能力。

(4) 仿写训练

在写作英语作文时,中国学生会无意识地遵循汉语思维,同时思考如何说汉语,并将其翻译成英语。这种接近汉英翻译的写作方式,不仅效率低下,而且不可避免地对英语写作产生了汉语思维和表达习惯的负迁移。为了使学生摆脱这种机械低效的写作模式,写作教学势在必行。教师可以指导学生抄写英语材料。模仿材料既可以是教科书中的文本,也可以是文学的杰作。模仿允许学生使用参考书,如字典,以帮助表达。通过模仿写作,学生不仅可以积累一些写作材料,而且可以清楚、迅速地理解真实的英语篇是如何发展的,从而培养出良好的英语语言意识和写作习惯。

三、多元文化语境下的英语翻译教学

(一) 英语翻译教学的意义

"大学生英语教学标准"指出,听、说、读、写、译是大学生应掌握的五项基本技能。然而,在实践教学中,更多的是注重听、说、读、写,而翻译教学往往被忽视。随着社会的发展,英语翻译的意义逐渐显露出来。

1.翻译是学习外语的一种手段

近年来，教学方法不断改进，大多数人主要是听、说，并改变了以往的传统教学方法&翻译教学法。实践证明，在外语学习的基础阶段，翻译教学不利于学生外语思维能力的培养。然而，在学生已经具备一定的外语水平的情况下，在教学中应适当加强翻译练习。只有通过英汉对比分析和翻译，学生才能对整个语言有深刻的理解。列宁曾经说过，学习外语最合理的方法是恢复翻译。外语将被翻译成母语，然后再被翻译成外语。这也表明，通过翻译学习外语是一种实用的手段。

2.培养学生综合能力

翻译是用一种语言来重新表达在另一种语言中表达的内容，翻译过程是对原语义学进行语义和语法分析。然后找出目标语言的对应结构，并根据目标语义和语法规则对句子进行重组。最后，我们整理一下课文。如果我们不理解规则，即使我们掌握了外语，翻译也会有困难。因此，翻译是一种复杂的认知现象，是一种细致的思维活动，需要正确理解原文，创造性地使用另一种语言进行再现。因此，它涉及语言的研究和文化背景的研究。翻译教学是在教学过程中，通过对上述几个方面的探讨，培养学生的综合能力。

3.翻译作为一种交际手段

虽然汉语学习外语的动机各不相同，但大多数人都把它作为一种交流的手段，或者作为一种工具来学习。这个工具的使用必然涉及翻译。没有翻译，我们就不可能同其他国家在政治、文化、国防、科技、文艺等领域进行交流，与外国的经济技术合作也是不可能的。翻译是实现这些交流的唯一途径。

（二）英语翻译教学内容

翻译教学的内容主要包括：翻译的基本理论、英汉对比以及常用的翻译技巧。

1.翻译基础理论

翻译的理论知识主要包括对翻译活动本身的理解、翻译的过程和标准、翻译对译者的要求、参考书的使用等。

2.英汉对比研究

英汉对比不仅包括语言层面的内容，也包括文化层面和思维层面的对比。在语言层面上，主要比较了英汉两种语言的语义、词汇、句法和文体文本，并找出了它们的异同。英汉文化和思维的比较有助于更准确、更全面、更恰当地传达原文信息。

3.常用翻译技术

翻译中常用的技巧有语序调整、正译与反译、补充省略、主动与被动、句子语用功能再现等。

（三）英语翻译教学现状

1. 学生自主学习的现状

（1）学生对英语国家的文化背景没有深刻的了解。

语言是文化的产物和表象。无论是从社会的角度还是从语言的基本整合来看，语言都具有非常明显的文化特征。语言作为特殊文化背景下的特殊载体，只有在特定的文化范围内才有其本质意义。语言和文化相互作用。尤金，著名的翻译理论家？奈达曾经说过："翻译是两种文化交流的真正成功的翻译，熟悉两种文化比掌握两种语言更重要。"因为词语只能在相应的文化语境中反映它们的真实意义。"但是，如果学生不太熟悉英语国家的文化，他们显然无法更准确地理解原文所包含的深刻内涵，甚至无法习惯我国分析和理解英语的思维方式。在翻译中很容易引起常识上的误解。这是不足为奇的，有一些现象的误译和遗漏。

（2）"的的不休"

在实际的翻译操作中，中国学生每每看到英语形容词就自然而然地将其翻译成汉语的形容词形式，即"……的"，导致译文"的的不休"，读起来很别扭。

（3）语序不当

英语句子通常直接表达主语，然后逐渐添加细节或解释的逻辑表达更加复杂，会使用形态变化或丰富的连接词等手段，根据句子的意思灵活排列语序。相比之下，汉语更符合逻辑，语序通常是按照一定的逻辑顺序（如从原因到结果，从事实到结论）。这种差异意味着在将英语句子翻译成中文时，需要对语序进行适当的调整。然而，许多学生并没有意识到这一点，大多数的翻译都存在着语序不正确的问题，这使得他们阅读起来非常尴尬。

（4）不善于加减词

由于语言和文化的差异，在翻译中不可能也没有必要完全坚持英语的形式，即逐句翻译原文。事实上，根据原文的意思和翻译的目的，翻译可以根据实际需要增减词语。许多学生不明白这一点，所以他们的翻译往往是冗长的。

（5）不善于处理长句

英语中有许多长句和复杂句，其中大多数是通过各种连接方式连接起来的，表达了完整、连贯、清晰和合乎逻辑的意义。许多学生在遇到这样的句子时往往无法掌握逻辑关系，也不知道如何处理介词、短语、定语从句等，所以翻译的汉语句子不符合汉语的表达习惯。

2. 英语教师教学现状

（1）传统教学模式的束缚

传统的翻译教学往往不能以学生为中心，教师是学生翻译的主宰者，学生往往把教师参考翻译视为一种神圣不可侵犯的东西，他们不敢对其有任何怀疑或修改。这种刻板印象的教学模式明显制约了学生的创造性和表达目的语的积极性。此外，交际法在英语翻译中被广泛接受，也给英语翻译带来了新的误解：英语教学提倡盲目的单语制，甚至形成了对翻译和母语的完全排斥和否定的态度。人们经常看到，在一些大学英语教学中，教师在课堂上采用全英式教学，是为了为学生创造一种所谓的英语氛围，以提高学生的听说能力。然而，这种实践并没有将学生的实际情况融入课堂中，教师在实际英语教学中的解释更多地局限在教材上，不能真正为学生创造一种交际的氛围和环境。并不是所有教师在课堂上说的英语都是标准化的，这使得学生更难理解。此外，高校英语教学注重阅读理解和听力训练，使教师在教学过程中无法系统地解释一些翻译技巧和翻译常识。

（2）翻译教学的重要性不够。

翻译教学的重点主要体现在以下几个方面。

1）在翻译教学中，教师往往不重视翻译的基本理论和技巧的教学，只把翻译作为理解和巩固语言知识的一种手段，把翻译课变成另一种形式的语法和词汇。

2）学生完成翻译练习后，大部分教师只注重翻译材料中出现的课文的答案、关键词和句型，缺乏对学生进行系统的翻译训练。

3）就时间而言，教师在翻译教学上花费的时间很少，通常是在他有时间的时候说，没有时间的时候不说话，或者在安排家庭作业和学生自己学习的时候。

4）英语教学大纲对翻译能力培养的要求不够明确。

5）翻译问题虽然包括在英语考试中，但其比例远远低于阅读和写作问题。这些问题最终导致了提高翻译教学质量的滞后。

（四）多元文化语境下的英语翻译教学

1. 英汉翻译中的文化差异

文化是一个复杂的整体，包括知识、信仰、艺术、道德、法律、习俗、宗教以及人们作为社会成员所获得的任何技能和习惯。它是人类获得的，并将代代相传。正是这种文化特征使来自不同地区和国家的人们能够吸取后天的教训。由于地域、气候、群体组织形式和整个生态环境的不同，人们在价值观、人生观、道德观、思维方式、宗教信仰、风俗习惯等方面存在着很大的差异，即文化差异。文化差异往往比语言障碍本身对两种语言的理解造成更严重的障碍。因此，为了在两种语言之间进行翻译，除了精通两种语言之外，还必须了解两种文化之间的异同。

（1）不同地理位置对文化差异形成的影响

我国位于北半球，亚洲大陆的东南部，东临太平洋，西北深入亚洲大陆。全国约有90%的土地处于温带和亚热带气候具有鲜明的大陆性季风气候特点。而英国地处西半球，北温带，气候则是海洋性气候。这一巨大差异决定了每年给英国人带来春天讯息的是西风。所以对于英国人来说，西风是温馨的，雪莱的《西风颂》正是对春天的讴歌。而中国文化中，西风则不免给人萧瑟、悲凉、让人伤怀之意"昨夜西风凋碧树，独上高楼，望尽天涯路。"(《蝶恋花》晏殊)而与之相反，在中国东风是春天的象征等闲识得东风面，万紫千红总是春。"(《春日》朱熹)故人们总是将"东风"视为吉祥之兆，古语道："万事俱备，只欠东风。"

在中国，自古朝至今，南面为王，北面为朝，南尊北卑的传统认识一直盛行，人们常把"南"的方位放在前面，如"南来北往""从南到北"等等，而英美人理解汉语中的"从南到北"则用"from north to south"来表达，"北面的房间"在英语中则说成"a room with a southern exposure"。

（2）习俗的文化差异

风俗文化是指通过日常的社会生活和交流活动，由民族的风俗习惯形成的文化。例如，在中国举行婚礼的时候，新娘总是喜欢穿鲜红色的衣服，所以在中国习俗中红色是吉祥、满意、幸福的意思。在西方，新娘经常穿白色的婚纱，白色在西方是神圣和无可挑剔的，而在中国，只有家里的一些人会穿丧服，穿白色的衣服。例如，在中国传统京剧中，白脸常被用来表示他是一个恭维的恶棍，而英文中的词是"a very white man."这意味着一个非常忠诚和可靠的人。中英风俗差异的另一个典型例子是对猫和狗的理解。在中国，狗往往使人联想到低级的、龌龊的东西，因此与狗有关的习语大都含有贬义，如狐朋狗友、狗改不了吃屎、狗仗人势、狼心狗肺、狗腿子等等。在西方英语国家，狗则被认为是人类最好的朋友。

（3）宗教和文化差异

不同民族在崇拜和禁忌方面的差异反映了人类文化的一个极其重要的组成部分-对中国有深远影响的三大宗教是儒教、道教和佛教。道教的玉皇和佛教的裂痕在欧美文化中并不存在。在西方，基督教相信上帝创造了世界，世界上的一切都是按照上帝的意愿安排的。尤其要注意中西方在宗教和文化上的差异。这种误解往往会导致重大的误解和误解，这种误解的严重性会伤害宗教人士的感情。

（4）历史文化差异

对历史典故的误解和困惑往往是由于对这个国家和民族的历史和文化缺乏了解而造成的。要正确翻译它们，首先要了解它们的历史背景。

（5）思维方式的差异

不同的思维角度决定了语言的不同表达方式和风格。汉语的思维模式是因果循环式,而西方人的思维方向是线性单方向。例如:在中国,很多人认为两个人结为夫妻是前世有缘,所以今生才相聚。而在西方,结婚只是两个人相爱的延续,不存在原因和结果。在中国,传统文化一向崇尚"以人为本"。《孝经》中提到"天地之性人为贵",荀子也强调:"人有气、有生、有知,亦且有义,故最为天下贵也。"这种将人置于自然之上又融于自然的文化观念,潜移默化地影响了汉语言。所以,汉语习惯以动作的执行者作为句子的主语,而英语则常把陈述的重点放在行为、动作的结果或承受者上,并以此作为句子的主语,所以英语中的被动语态要比汉语使用的频繁得多。

2.文化差异对翻译的影响

翻译不仅是语言之间的翻译,也是文化间的信息交流。译者对英汉文化差异的正确解读在一定程度上对翻译的成败起着重要的作用。一般来说,文化差异对翻译的影响主要体现在以下两个方面。

(1)翻译空缺

翻译空缺是指没有一种语言或语言交流是完全准确和对等的。此外,英汉语言属于不同的语系,翻译空缺现象在英汉语言交际中尤为明显,这给翻译的顺利进行带来了障碍。在英汉翻译教学中,教师应提醒学生注意这一现象:词汇空缺和语义空缺是英汉翻译中两个常见的空白。

1)中英文词汇空缺

虽然不同语言之间有一些相似之处,但它们也有自己的特点。这些特点渗透到词汇中,会导致不同语言之间的概念表达不一致。这与译者的地理位置、自然环境、生活方式、社会生活等因素有关。

一些词汇空白是由于生活条件不同造成的。例如,中国是农业大国,大米是中国南方主要的粮食,所以汉语对不同生长阶段的大米有不同的称呼,如长在田里的叫"水稻",脱粒的叫"大米",而煮熟的叫"米饭"。相反,在英美国家,不论是"水稻""大米"还是"米饭"都叫 rice。

2)英汉语义空缺

英语和汉语中的语义空缺是指在不同语言中表达相同概念的词。虽然他们似乎有相同的字面意义,但实际上他们有不同的文化内涵。以英汉颜色词为例,它们在大多数情况下都具有相同的意义,但在某些情况下,颜色相同的英汉颜色词的含义不同。

因此,在日常翻译教学中,教师应更多地注意语义空缺现象,在遇到空缺时,应尽量找出深层语义的对应,而不是词语的表面。

需要指出的是,语义鸿沟也反映在语义覆盖的不一致上,即在不同的语言中,表达相同概念的词可能因语言发行人、语言情境等的不同而具有不同的意义。

（2）文化误译

文化误读是由文化误读引起的，即在当地文化的影响下，根据自己熟悉的文化来理解其他文化。文化误译是中国学生在英汉翻译中普遍存在的问题。

第五节 多元文化下英语文化教学

一、英语文化教学的意义

语言与文化有着千丝万缕的联系。不了解外语的文化背景，就不能正确地理解和使用外语。在英语教学中实施文化教学具有重要意义。

（一）文化教学是语言教学的一部分

文化教学是英语教学的重要组成部分。传统英语教学的中心任务只有语音、词汇、语法和修辞四个语言要素的教学。然而，这些内容并不是语言学习的整体。因为语言是文化的反映，是文化的一部分，是传播文化的媒介。如果我们只懂语言，不理解语言背后的文化，我们就不能真正和完全地理解和使用语言。语言既是文化的产物，也是文化的表现形式。换句话说，文化不仅决定着思维方式，也决定着语言的表达方式。

综上所述，语言与文化的关系是非常密切的，它们相互影响、相互作用。为了更好地理解语言，有必要理解它的文化，反过来，要理解目标语言的文化，就必须理解它所使用的语言官员。语言与文化密切相关。语言渗透到文化的各个层面，是文化不可分割的一部分，语言学习离不开文化，外语教学是从一定的角度进行文化教学。

（二）文化教学是交际语言运用的关键

虽然语言能力是交际能力的基础，但语言能力并不意味着掌握交际能力。越来越多的人认识到，仅仅学习一门语言的语音、词汇和语法知识是远远不够的，而且要了解与其学习的语言有关的国家和民族的历史文化传统和社会习俗是远远不够的。只有这样，我们才能真正把握语言的本质，确保交际在理解和使用语言方面的准确性。

（三）文化教学是实施素质教育、提高教师素质的需要

了解目标语言的文化背景，提高学生的文化知识水平，无疑是对教师素质的更高要求。

在此之前的很长一段时间里，英语教师都把重点放在语言基础知识的教学上，而对文化教学的内容关注甚少。因此，要实现更好的文化教学，首先要从英语教师的素质入手。英语教师应阅读有关文化主题的专著和背景书籍。只有提高教师的文化知识水平，才能对学生进行有效的教育。否则，如果教师自身的知识储存不足，就无法向学生传授更多的文化知识，学生的素质教育就会沦为空话。

（四）文化教学是人才培养的需要

随着社会的进步和教学改革的不断推进，培养学生的综合素质是21世纪外语教学的必然趋势。从某种意义上说，学习一门新的语言意味着掌握一种新的交际技巧和理解一种新的民族文化。通过对中西方文化的比较分析，使学生能够客观、全面地理解英语文化，同时也可以用新的视角和视角来审视和理解自己的文化，从而在国际交往中认识自己和自己的敌人。只有这样，学生才能具有较强的国际理解和竞争力，才能在经济建设中起到桥梁作用，积极有效地促进国际交流与合作。

文化教学既要引进外来文化，又要注意中西文化的平衡。我们不仅要在西方文化中引入优秀的人类文化，而且不能忽视中国文化的精髓，要通过对外国文化的研究，更深入地了解我国的文化产业。只有这样，学习者才能在适应外来文化环境的基础上，立足于我国优秀的文化传统之外的细菌，为世界文化的繁荣而提升自己的实力。

二、英语文化教学的目标与内容

（一）外语文化教学的目标和内容

1.外语文化教学的目标

美国学者拉托指出，不同的文化教学有不同的目的：可能是全面素质教育的一部分，也可能是文学作品的阅读，可以为国际交流服务。它可能是采用一种共同的民族语言，或阅读科学和技术文献。由此可见，拉托认为文化教学有利于提高学生的综合素质。美国教授斯特朗等人建立了一个理论框架，希望能帮助学生从仅仅学习文化事实到能够分析、比较和综合不同的文化。在他们看来，学生在接受文化教育后应该具备以下能力。

（1）在社会环境中行为得体；
（2）能够描述文化行为或概括文化和社会行为；
（3）能识别出给予一个例子的方式；
（4）它可以解释某种行为；
（5）可以预测在特定情况下将如何使用特定格式；
（6）能够描述或展示目标语言文化需要接受的重要态度。

之后，西德利修改了诺斯特罗姆的观点，提出了文化教学的"超级目标"，即培养全体学生的文化理解、态度和技能，使学生能够在目标语言社会的文化障碍背景下适当地表达自己。

文化教学的目标应包括以下几点。

（1）使学生认识到人们的行为往往受到文化的影响；

（2）使学生认识到人的言行受年龄、性别、社会阶层、生活环境等因素的影响；

（3）使学生更好地理解目的语文化的一般行为；

（4）提高学生对目标语词汇文化内涵的认识；

（5）提高学生运用实例评价目标语言文化的能力，并在必要时完善评价结果；

（6）使学生掌握一定的发现和整理目的语文化信息的技能；

（7）激发学生对目的语文化知识的渴望，鼓励学生与目标语言文化的人产生共鸣。

2.外语文化教学的内容

自20世纪40年代以来，弗里什（Fries）和他的学拉多等人讨论了文化在语言教学中的作用。其观点主要集中在以下几个方面。

弗里特认为，对民族文化和生活条件的叙述不仅是实用语言课的一个附加要素，而且是语言学习各个阶段不可或缺的一部分，与教学的一般目的无关。

如果不了解文化的模式和规范，你就不可能真正掌握一门语言。根据文化教学的目的，拉托将文化教学的内容分为以下三个部分。

第一，主要意义单位。这些单位因文化和语言而异。在这一部分中，教师应注重文化内容以及所选词语和习语的隐含意义。

第二，错误刻板印象。也就是说，对于目标语言文化的刻板印象，如果目标语言文化的形象是错误的，教师应该用正确的信息来代替它们。

第三，成就斐然。只有当学生用自己的眼睛看到目标语言文化成员心目中的英雄时，他们才能真正学好一门语言。

接着，随着交际法的兴起，海姆斯在乔姆斯基提出的"语言能力"的基础上，提出了"交际能力"的概念。交际能力不仅包括语言形式的规律，也包括社会文化的规律。交际教学主张根据语言的内容安排教学，使社会文化因素自然地融入教学活动中。在交际实践中，学生往往能够理解交际文化。随着跨文化交际的兴起，越来越多的专家认识到外语教学的主要目标是培养学生的跨文化交际能力。外语教学使学生能够了解他们正在学习的国家的文化。专家们把交际中的语言错误和文化错误区分开来，认为后者更可怕，因为文化错误往往会导致双方的误解甚至敌意。随着文化教学和研究的不断深入，克拉姆奇认为文化学习应注重多面性和多元性，文化学习的主要价值之一是使学习者对母语文化有深刻的理解。

文化内容从注重目的语文化转向关注母语文化，再到注重文化学习者自身和学习者自身在文化形成中的作用。这不仅是内容的回归，也是学习者的回归。在对儿童进行文化教学时，教师不仅要让学生了解文化差异，还要学会对目的语文化的宽容，还要教学生处理文化差异。只有这样，我们才能成功地表达沟通双方的真实意图，实现真正的沟通，才能具有真正的文化能力。

（二）中国英语文化教学的目标和内容

1.我国大学英语文化教学的目标

在国内，胡文仲、高一虹将外语教学目标划分为微观、中观和宏观三个层次。从微观层面看，外语教学的目的是交际能力；从宏观层面看，外语教育的目标是社会文化能力，即利用现有的知识和技能有效地处理社会文化信息，使人格更加完整，潜能得到充分发挥。它由语言能力、语用能力和扬弃能力构成。为了进一步阐明文化教学与学生个性的关系，洪大一在《对语言文化差异的理解与超越》一书中指出，跨文化交际能力的培养应以人的建构为基础，以人格的基本取向为目标。她还认为，文化教学的重要性在于将跨文化能力与素质发展的总体教育目标结合起来。

此外，学者们还提出，文化教学应在理解和应用的基础上，培养学生在真实交际中的创新能力。陈申在《外语教育中的文化教学》一书中认为，文化创造力就是文化教学。在他看来，文化教学不仅是语言教学的目标，也是帮助学生获得文化创造力的重要手段。

综观上述文化教学的定义，学者们一致认为，外语文化教学除了听、说、读、写、译等外，不是一种可选的技能。此外，学者们还认为，文化教学的目的不仅是帮助学生掌握一门外语，还可以帮助他们形成清晰的世界观、人生观和价值观，以适应社会的发展。

2.中国大学英语文化教学的内容

中国英语文化教学的主要内容是单一的和全面的。

（1）单一型

持这种观点的学者认为，文化教学的内容应以目的语文化为基础，因为外语教学的最终目的是培养学生的交际能力。交际能力主要包括语言能力和社会能力。如果不了解目标语言国家的文化，就不可能拥有真正的社交技能。

（2）综合型

持这一观点的学者主张，文化教学的内容不仅应包括目的语的文化，还应包括母语的文化。这有两个主要原因：第一，我国的英语教学不是一种普通的外语教学，而是一种国际语言教学，因为英语学生不仅要以英语作为交际的媒介，还必须与母语为母语的人进行交流。其次，随着我国经济的蓬勃发展，我国与其他国家的交流越来越频繁，英语的使用也越来越突出，民族文化的保存和传播将成为国际交流的重要组成部分。

三、英语文化教学策略分析

（一）英语文化教学原则

1. 多重相互作用原理

为了适应时代的发展，与多元社会、跨文化的交际语境相协调，语言文化教学应遵循多元互动的原则。中国学者苏湘立在《跨文化交际中多元互动的语言文化教学》一书中，分析了近年来文化教学的世界形势和趋势以及文化教学的经验。为了适应时代的发展，与多元社会、跨文化的交际语境相协调，语言文化教学应遵循多元互动的原则。

2. 分层原理

英语文化教学具有阶段性和层次性，应遵循渐进教学原则。这意味着在英语文化教学中，教师应根据学生的语言水平、接受能力、理解能力等来确定文化教学的内容。文化教学从浅到深，从简单到复杂，从具体到抽象，从现象到本质。

3. 目标理解原则

所谓"理解为目标"原则，是指英语文化教学要以文化知识为起点，以文化意识为桥梁，以文化理解为最终目标。文化知识导入的目的是培养学习者的文化意识，这是文化教学的第一步。文化意识是文化理解的基础，文化意识是学习者对文化差异的敏感程度。文化理解是学习者以客观、准确的方式对待和理解母语文化和目的语文化，并能以恰当的方式与非本族语者进行交流的文化理解。这一原则是由社会需要的规律决定的。随着社会的发展，不同文化之间的交流越来越频繁。文化理解是国际交流的重要桥梁。不正确理解自己和其他国家的文化，就很难实现跨文化的交流。在英语教学中，要遵循以理解为目标的原则，应做好以下两点。

第一，在文化教学中，不要过分强调知识的灌输和行为的简单模仿，通过对目的语文化的分析和解释，使学生认识到目的语文化与本土文化的异同、异同的根源和原因。

第二，在评价教学时，应注意学生对目的语文化的移情能力，而不是强调他们对非母语文化的排斥和接受。例如，在讲授美国人对老年人的态度时，不要以中国人的标准去衡量美国人的行为。中国人主张尊老、敬老，并认为老年人有着丰富的人生阅历，如俗语"姜还是老的辣"和"老将出马，一个顶俩"等。而在美国，"老"意味着精力衰退，生存能力降低，是非常可怕的一个词。因而，美国人都害怕说老，避免说老，而是将老年人称作 senior citizens。

中美两国对老年人的不同态度，源于两国各自的价值观、世界观和不同的社会现实。因此，对于这种文化现象，教师不应简单地判断哪一种方式是正确的，哪一种方式是错误的，而应从这种文化现象的根源来理解其形成的原因，从而理解其存在的现实。

4.有序性原则

秩序原则有两个含义：第一，文化教学内容的编排应反映文化知识本身的逻辑结构及其系统化；第二，文化教学活动要有条不紊、循序渐进地结合文化知识本身的逻辑结构和学生的身心发展，以确保学习者能够有效地掌握系统的文化知识。全面理解目标语中的文化秩序原则，既是对文化知识本身的系统要求，也是教学对学生身心发展的制约因素的反映。简言之，程序原则应遵循以下两点。

第一，在选择文化内容时，应注意各层次文化知识的系统性、层次性以及各层次文化内容之间的相关性。

第二，在安排文化导入内容时，应根据学生的认知特点和思维发展规律，科学合理地安排文化引导的内容。英语文化教学的内容应从简单具体的文化事件到一般的文化主题，最后是对目的语社会的全面理解。因此，应根据不同学习阶段学生的学习特点，制定英语文化教学目标。也就是说，我们应该从感性经验和感性认知逐步过渡到理性理解和理解。

5.对比原理

对比原则是指在英语文化教学中，教师引导学生将英语国家的文化与本国的文化进行比较，从而使学生认识到中西方文化的差异。

通过比较，学生不仅可以加深对英语国家文化的理解，而且可以理解不同国家在价值观、思维方式、审美趣味等方面的巨大差异。它一方面可以避免学生中民族中心主义的形成，另一方面也有助于提高学生的文化理解。

除了让我们更深刻地理解不同的文化概念之外，对比还可以帮助我们避免不同的文化行为，从而按照我们自己的标准来解决其他国家的文化行为。我们也可以避免把我们自己的文化带入其他的文化环境。事实上，由于缺乏对文化差异的理解，学生往往会在文化知识上犯错误，只注意文化的相似性，而忽视文化差异。

在英语文化教学中，教师可以引导学生从以下几个方面进行比较。

（1）词汇的文化内涵；

（2）习语的文化背景；

（3）句法应用；

（4）语言风格。

应该指出，在英语教学中，词汇和短语是文化的反映，也是语言形成的基本材料，因此，教师和学生在英语教学中应特别注意词汇和短语的文化内涵。

6.相关性和实用性原则

语言学家普遍认为文化内容涉及社会生活的各个方面，但在实践中，英语教学受到各种客观教学条件的限制。因此，在实际的英语教学中，应遵循关联和真实的原则，注重与学生学习内容有关的文化内容的教学，注重日常交际的主要方面，以及与跨文化交际相关的文化内容的教学。此外，相关教学内容应具有代表性，应能反映出目标语国家具有代表性的主流文化意义。中国著名学者鲍志坤指出，"论外语教学中的文化导入"是一项复杂的文化内容，英语教学应遵循适度原则和主流原则。虽然这一提法与所说的不一致，但从本质上讲，相关性原则和相称性原则是相互联系的，实用性原则和主流原则是共同的。为了实现一致性，我们将其统一为相关性和实用性原则。

（二）英语文化教学方法

1.文化叙事教学法

文化叙事是教师在课堂上最常用的叙事方式，也是语言教学与文化教学相结合的一种方式。一般来说，教科书选择的文本具有特定的文化背景，可以是作者的背景，也可以是内容的背景，也可以是时代的背景。如果学生不了解或缺乏相关的背景知识，就会影响他们对课文的正确理解，自然也就无法对阅读理解问题做出准确的推理和判断。

2.主导文化教学法

（1）主导文化教学法的特点

二战后，外语教学受到人类学和社会学的影响，文化教学也不例外。人类学的文化视角是："特定群体的整个生活方式对外语社区有着深远的影响。"这样，文化就从"心灵的完美""人类文明的成就"转变为"一定社会的生活方式"，即随着文化观念的扩展，外语教学中的文化由"大文化"向"小文化"转变。如何在有限的课堂时间内有效地实施文化教学，是一个难点问题。许多外语工作者指出，要区分"大文化"和"小文化"，在语言教育中，特别是在语言学习的早期阶段，要把重点从"大文化"转向"小文化"。在这一转型过程中，文学并没有被遗忘，因为人类学观点也认为文学作品是不同文化生活方式的镜子，对不同文化生活方式的理解也有助于加深对外国文学作品的理解。

这种相对独立于语言教学的文化教学方法更直接、更系统、更注重知识。我们称它为主流的文化教学方法。综上所述，主导文化教学具有三个主要特点。

在理解语言与文化的密切关系的基础上，外语教学有意识地、有目的地辅之以外国文化教学。

对"文化"概念的理解吸收了人类学和社会学的观点。文化教学内容由"大文化"向"小文化"转变。

无论文化教学的重点是"大文化"还是"小文化",文化都被认为是一种知识,教学方式是直接的、清晰的、系统的、相对独立于语言教学的。

(2)优势文化教学法的优越性

显性教学法直接引入外国文化,有助于缓解人们因不熟悉外国文化而产生的困惑,是培养跨文化交际能力的基础。我们在整个汉语的语境中学习一门外语。因此,显性文化教学法具有省时、高效等优点。此外,这些相对独立于语言教学的自成一体的文化知识材料,在任何时候都很容易被学生自学。

(3)主流文化教学法的缺陷

虽然显性文化教育学追求的是直接和清晰,但仍有许多东西是无法传授的,比如文化的内涵。一个被广泛接受的比喻是,文化就像冰山。我们所能看到的只是其中的一小部分。我们看不到的是大部分。因此,主导的文化教学方法很容易使学生对不同文化形成简单、粗略的理解,形成刻板印象往往会阻碍跨文化交际的有效进行。

虽然显性文化教学的理论基础是语言与文化不可分割的整体,但实际操作将外语教学与外语教学分开,不利于文化教学的全面实施。

学习者在面对不同的文化时,往往扮演被动地接受角色,与目的语文化形成静态的关系,忽视了学习者的主观认知、思维过程和行为能力。它忽视了学习者进行文化探究的能力和学习策略。

(4)主导文化教学法的应用

主导文化教学在我国的应用可分为两种模式。一是开设语言课程之外的特殊文化课程,如英美概况、英美文化、跨文化交际等。这些课程直接和系统地传授有形的文化知识,如历史、地理、机构、教育、生活方式、交流习俗和礼仪。二是语言课程中的"文化点"与"语言点"的对立面。

虽然这种文化引导是有目的、有意识的,但所涉及的文化知识有文化事实和文化相关的语言现象,也有跨文化交际的规律,但往往与阅读文本、听对话和其他语言知识学习相结合,因此这种文化教学不够系统。

4.隐性文化教学法

(1)隐性文化教学法的理论基础

"交际教学法"诞生于欧洲,并在世界范围内迅速流行,为外语教育中的文化教学带来了新的思路。海姆斯提出的"交际能力"概念进一步强化了外语教学中必须传授外国文化的观念。

威尔金斯（Wilkins）基于语言学习者的交际需要，对交际教学产生了深远的影响。思想大纲不仅强调语言的形式，而且强调语言的交际功能。人们认为，语言的内容必须在一定的社会文化背景下才有意义。这种从语言形式到语言内容的转变，使得语言教学的主要目标从使用到使用，促进了文化教学与语言教学的自然结合。

专门用途英语（ESP）也是基于语言学习者的交际需要，也是交际法的重要组成部分。ESP综合考虑了学习者的具体学习需求，开发了学习者的需求分析、不同层次的个人学习材料、分级语言测试等，以适应各类学习者的需要。ESP明确的"实践目的"为文化教学开辟了一条重要的思路，使对外国文化的研究从整体文化走向科学、技术、商业等领域。

交际法进一步加深了对外语教学中外语文化教学的认识。当我们关注交际语言在一定的社会文化背景下的使用时，外语教学与外语教学自然融合在一起。文化教学不再是文化知识的直接教学，而是强调在课堂提供的真实的交际情境中运用语言进行交际的过程中不同文化的自然习得。它是"从实践中学习"概念的实践。隐性文化教学法是一种综合于语言学习的文化教学方法，是一种比较间接、相对分散、注重行为的教学方法。

（2）隐性文化教学法的优势

隐性文化教学法的优势主要体现在四个方面。

注重培养语言的社会功能和交际功能，使语言教学与文化教学有机结合。

倡导"通过实践学习"，似乎填补了如何传授外来文化的隐含内涵，特别是语言使用中隐含的文化知识和话语规则的空白。

课堂上的各种交际活动为学习者提供了解和感知不同文化的机会，并注意到了自主探究不同文化的主观能动性和思维过程。

关注学习者的个体交际需要，可以更有针对性地界定课堂文化教学的内容，在有限的课堂时间内最大限度地提高文化教学的有效性。

（3）隐性文化教学方法的缺陷

隐性文化教学法的弊端主要包括两个方面。

由于隐性文化教学法强调在特定的社会文化语境中使用语言，文化的概念被狭义地定义为"小文化"。ESP的兴起进一步缩小了外国文化的范围。因此，已经不能满足语言学习者交际需要的文学，已经不再像以前那样流行了。

过分强调语言与文化的自然结合，使学习者在语言学习过程中自然地获得不同的文化，这必然导致缺乏系统的文化教学。因此，如何有目的地、有意识地将外语教学与外国文化教学相结合，仍然是一个亟待解决的难题。

隐性文化教学法的实践与应用

由于内隐文化教学法与语言学习相结合，在英语课堂教学中也得到了广泛的应用。教师通过间接手段将文化内容传播到课堂教会，使学生在不知不觉中学习不同的文化。

5.角色扮演教学法

角色扮演教学法可以运用戏剧的表演模式.一般来说，话剧只有三幕和五幕.每个场景都有一个或两个典型的文化冲突的例子。通过观察和体验戏剧场景，学生可以感受到文化冲击、困惑和尴尬，找出沟通障碍和文化冲突产生的原因。在设计角色扮演脚本时，要记住剧本应该清晰、简洁、有趣和生动，结尾应该是开放的，尽可能多地使用日常工作或社会环境中使用的语言。

角色扮演活动的实际表演时间通常只有5到7分钟，而准备时间通常很长，有时长达1小时。角色扮演的悬崖可以包括第一次与来自其他文化的人见面，国际谈判，在你不熟悉的文化环境中拒绝其他人。

角色扮演的实施过程如下。

第一，向学生解释角色扮演的目的是让他们运用某种策略练习，鼓励他们尝试新的活动，并向学生介绍角色扮演的情景。

第二，确定参与表演的学生，并向他们提供背景知识，使他们有足够的时间准备。参与的学生可以由老师指定，也可以由学生推荐。老师最好指导参加演出的学生的准备工作。

第三，教师将学习任务分配给角色扮演学生，并要求他们协助安排表演场地。

第四，在表演期间作出纪录，并记录表演者的要点，以供日后讨论a

第五，演出结束后，请同学们以其他方式思考类似的情况，以解决问题。

第六，要求学生回答一系列问题，以便他们能够描述角色扮演中出现的问题，并让学生有机会思考其他策略。

6.文化感知法

文化感知法是对学生进行外语文化内涵的补充，同时对两种不同的文化进行比较，从而培养学生对母语文化与外语文化的差异性和关联性的理解。

7.文化讲座

文化讲座是指以班级为单位，以教师为中心，以言语为方式，直接向学生传授的关于目的语和社会目的文化知识策略。文化讲座的应用包括以下几个方面。

第一，可以在新的文化领域中描述或描述的知识。教师可以通过文化讲座向学生介绍学生，使学生了解一般情况或基本概念。

第二，相关的文化事实可以按主题进行分类和归纳，教师可以通过一系列文化讲座的形式来完成这些事实。

第三，学生需要掌握基本知识，或者教师要分配学生文化学习的研究任务，或者在解决问题之前，教师可以通过讲座来教他们。

第四，有些学生自学，阅读一些很难阅读的具体文化材料。教师可以利用文化讲座来解决学生因缺乏理解而产生的误解。

第五，教师自己搜集或掌握的特殊教材，通过文化讲座的形式实现相互学习，学生也从中受益。

在文化讲座中，教师可以充分控制主题的顺序和时间，从而预测教学完成后学生可能得到的结果。文化讲座是按主题顺序组织的，充分利用了教师的资源，对班级规模没有严格的限制。文化讲座的内容是教师最新的研究成果和研究方法，以及他们自己的学习经验和经验，为学生提供了大量有价值的信息资源。让学生在听文化讲座的过程中训练和提高听力、写作和观察能力。

随着英语教学的发展，将出现新的文化教学方法。在课堂教学过程中，教师应结合学生的实际情况和教学内容，选择自己的教学方法，提高跨文化交际水平。

第六章　多远文化背景下当代英语教学的改革与发展

随着我国教育事业的发展和英语教学自身发展的内在规律的要求，我国英语教学进入了一个新的过渡时期，对人才素质提出了更高的要求。为了适应国家和社会的需要，我国必须深化教育改革，提高教学质量。随着社会的发展和世界文化的多样化，当代英语教学必将有一个新的发展趋势。在本章中，我们将从多元文化的角度探讨当代英语教学的改革与发展趋势。

第一节　多元文化视阈下当代英语教学的改革

近年来，随着我国教育事业的发展，我国英语教学取得了令人瞩目的成绩。然而，随着社会经济的发展，社会对人才的需求也在不断变化。然而，我国英语教学的现状和效果远远不能满足现代社会的需要。特别是随着世界文化多样性的加剧，中国的英语教学已不能适应国际竞争的要求。总之，我国英语教学中还存在着大量的闲暇问题，因此，从多元文化的角度对英语教学进行改革，以适应国家的需要势在必行。

一、教学观念的改革

在我国传统的英语教学中，学校始终坚持以培养学生的阅读能力和一定的听、说、写、译能力为教学目标，实行以教师为中心，以学生被动接受为中心的教学。然而，随着社会的发展，对人才的需求发生了变化，英语教学需要改革。教学改革应以观念改革为先导，教学理念改革也是教学改革的首要任务。教学观念的改革包括两个方面：一是教学目标的改革，即教学目标由阅读理解转变为听说教学，以提高综合应用能力；二是教学主体的改革，即教师课堂教学由以学生为导向的课堂教学转变为以学生为导向的课堂教学。

（一）教学目标的改革

近年来，英语教学在我国的作用受到了许多社会学者的批评。批判性意见主要集中在经过应试英语教学训练的学生，他们只能阅读英语，不能用英语进行交流。学生学习"哑巴英语"。因此，许多学者强调要改革英语教学，重视听说能力的培养，加强口语和写作的训练，把教学观念从英语语言知识的教学转变为英语应用能力的培养。

我国提出的目标是"培养学生具有较强的阅读能力、一定的听力能力（科学和工程的目标是一定的听说能力）、初步的写作能力和口语能力，使学生能够以英语为工具。"英语教学应帮助学生打下坚实的语言基础，掌握良好的语言学习方法，提高文化素养，以适应社会发展和经济建设的需要。新的《大学英语课程教学要求》（试行）旨在"培养学生的综合英语应用能力，特别是听说能力。"使他们能够在今后的工作和社会交往中进行有效的口头和书面交流，提高自主学习能力，提高综合文化素养，以适应我国经济发展和国际交流的需要。可见，随着社会的发展和民族需求的变化，我国英语教学目标不断改革和调整。

然而，教学目标的改革绝不能是激进的，要注重听说能力的培养并不意味着我们可以忽视读写能力的培养。事实上，读写能力的高低在很大程度上决定了听说能力的提高。在语言学习过程中，语言输入应该是第一位的，只有大量输入信息的消化和吸收才能转化为一定程度的外部语言，才能提高口语能力。阅读是输入信息的一种重要方式。没有足够的阅读，就很难培养听和说的能力。此外，听、说、读、写、译五项技能是一个互补的整体，忽视任何方面都会限制其他技能的发展。因此，在纠正以往过分强调读写能力培养，忽视听说技能培养的教学目标的同时，也要注意不要走到另一个极端，而要把全部精力放在英语交际能力的培养上。忽视英语基础知识的教学。

同时，教学目标要求重视听说能力的培养，这并不意味着英语基础知识的学习完全被忽视。学习任何语言都离不开基础知识，语言不能作为基础知识使用，英语教学知识教学与能力培养是相辅相成的。英语教学的目的是培养学生的英语综合应用能力。英语知识的学习是培养学生英语综合应用能力的基础，能力的培养是关键。只有学习和掌握基础知识，将基本知识转化为相对稳定的个体内在素质，才能培养出综合运用英语的能力。在教学目标的改革中，必须处理好英语知识、能力和质量的关系。

值得注意的是，英语知识不能简单地理解为英语发音、词汇和语法的基本知识。从多元文化的角度看，英语知识还应包括语言背后的文化知识、学生的体验等。是一个全面统一的系统。随着世界文化多样性的发展，跨文化知识教授将变得越来越重要。

一切都在发展和变化的过程中，我国未来对人才的需求也将不断变化，教学目标也应随之改革。

（二）教学主体改革

在传统的英语教学中，采用了"以教师为本"的原则，忽视了学生的主体作用。教师负责教学，学生负责学习。教学是对学生的单向"培养"，是对学生的被动接受。在这种教学中，教师是演员，教学的主体，学生是受众，只有被动地接受教师传授的知识，根本不需要进行过多的思考、分析、归纳和判断。听老师在课堂上教什么，课后背诵老师教什么。这不利于学生综合语言技能的培养，尤其是听说能力的培养。

在这种传统教学中，课堂教学表现为以教学为中心、以书本为中心、以学生为中心的教学。在这种教学中，教师一方面觉得要花费大量的精力去备课，另一方面，学生觉得教师是知识的占用者和教师，只能听老师的讲课。没有必要思考，也没有机会进行语言实践，因此它逐渐形成了对教师的依赖，在课堂上没有学习的热情，更谈不上应用能力的提高。最后，教师厌倦了教学，学生无法学习的情况。

随着社会对人才标准提出了更高的要求，高素质创新人才的培养对英语教学提出了更高的要求。在新的社会形势下，教学主体应由教师向学生转变，形成以教师为导向、以学生为导向的课堂教学形式。在以学生为主体的背景下，学生是教学活动的基本出发点，占据着教学活动的中心地位，教师成为课堂教学活动的组织者和引导者。

英语不同于其他学科。英语是一门实用的课程。英语语言技能的习得需要通过学生的个人实践来培养和提高。因此，英语教学效果也应以学生的学习效果为基础。学生的学习效果在很大程度上取决于学生的主动性和参与度。

以学生为主体并不意味着抹杀教师的角色。相反，教师在教学活动中的作用更为重要和关键。在以学生为中心的教学活动中，整个教学活动都是以学生的语言活动为中心的。教师的任务不仅是传授知识给学生，也是传授学生自主获取知识的能力。教师应向学生传授语言学习的规律和方法，激发学生的思维，注重培养学生的自主学习能力和主动获取知识的能力。以学生为中心，要求教师充分调动学生的积极性，有效地组织学生开展教学活动，及时发现学生的困难，为学生克服困难提供建议和帮助，成为学生学习的指导。也就是说，教师必须理解和满足学生的知识、智力、情感和个性的需要，在教学中发挥组织者、管理者、激励者、合作者的作用。

总之，教学改革应以观念改革为先导，概念改革不仅包括教学目标的改革，也包括教学主体的改革。改革的目的是培养学生的综合英语应用能力，既要注重听说能力的培养，又不能忽视读写能力的培养。教学主体的改革是突出学生在教学活动中的中心地位，不仅要充分体现学生的认知作用，而且要发挥教师的主导作用。

二、教学内容改革

在英语教学中，教学内容的改革是关键。其次，探讨了教学内容改革的必要性、理论基础和途径。

（一）教学内容改革的必要性

语言有两个系统：表达形式和表达功能。然而，我国传统的英语教学过于注重语言表达形式的研究，而忽视了语言表达功能的研究。也就是说，传统的英语教学普遍重视语音、词汇和语法的研究，学生和教师都过于注重形式：大部分教师逐句讲解词句的意义，强调词汇、句法和语法；学生主要听老师的话，在课堂上记笔记。教师和学生都忽视语言的实践活动。这样，虽然可以帮助学生打下坚实的基础知识，但也导致学生学习英语多年，但不能简单地用英语交流。即使他们学到更多的语言规则，他们也会成为一个"语法专家"。无法摆脱"哑巴英语"的形象。

然而，我们学习语言与它交流，不仅仅是为了阅读，不仅要掌握单词的意义，还要理解语法的规则，如果我们不能用英语进行实际的交流，学习英语就会失去它的意义。为了培养学生的综合英语应用能力，必须改革教学内容，增加课堂上的语言实践活动，给学生讲英语的实际机会。只有学生才能真正提高自己的英语应用能力，才能利用自己的学习达到英语教学的目的。

随着世界文化多样性的发展，现代人才需要学会与不同社会背景、不同文化背景、不同政治制度的人相处，并具备跨文化交际能力。因此，现代英语教学不仅要传授学生基本的语言知识，锻炼学生的交际能力，而且要培养学生正确运用英语进行交际的能力。换言之，从多元文化的角度看，课堂教学应帮助和引导学生了解外国文化和社会，培养学生的跨文化意识，使学生在未来的多元社会中学会理解他人和尊重他人。学会寻求合作与发展。课堂是学生获得跨文化知识的场所，教学内容的改革应适应社会的需要，增加对外来社会和文化的认识。

在我国的英语教学中，教师是课堂教学的主人，教学活动往往是教师的口语和学生的听力。教师注重语言知识的传授，忽视英语学习方法和规则的教学。然而，学生过度依赖教师，缺乏积极的学习活动.许多学生对英语知识和学习风格缺乏应有的认识，没有能力掌握和控制自己的学习过程。缺乏根据自己的英语学习情况选择学习方法的能力，也缺乏评价自己学习成绩的能力。因此，英语教师应在英语教学中加强英语学习方法和规则的教学，培养学生的自主学习能力和良好的学习习惯。

英语课堂教学不仅要教学生英语发音、句子和语法，而且要教学生真正理解语言的真正含义，教学生掌握语言技能。从多元文化的角度培养学生正确沟通的能力。实现这一目标的根本途径是改革英语课堂教学内容，创新教学方法和方法。

（二）教学内容改革的理论基础。

以上论述了英语教学内容改革的必要性，提出了英语教学内容改革的理论基础。

1.建构主义学习理论

建构主义学习理论认为，学习不是被动的复制活动，而是学习者认知结构的主动建立、重组、转化和发展。建构主义学习理论认为，教师应理解学生的思想，了解学生对教学内容的反应，培养学生构建重要概念和原则的技能，为学生建构意义提供帮助。也就是说，教师应该帮助学生深入理解当前学习内容所反映的事物的性质和规律，以及它们与其他事物之间的内在关系，从而帮助学生建构意义。然而，当前英语课堂教学内容的知识向学生传授孤立的语言知识，并没有系统地反映英语语言的内在规律和语言要素之间的内在联系。这就使得学生难以建立自己的认知结构。

2.认知理论

由心理学发展而来的认知研究揭示了人类认知和知识的过程。从认知的角度看，英语学习不仅包括词汇、短语和句子的积累，还包括概念和规则的辨析，以及口译和表达英语的方法和技巧。英语学习过程既是学习陈述性知识的过程，也是学习过程知识的过程，也是从陈述性知识向程序性知识转化的过程。在英语教学中，由于认知主体的不同，即学习者在知识结构、理解和记忆方面的差异，即使是相同的认知对象，英语语言，不同的认知策略和学习策略也必须采用不同的认知策略和学习策略。认知理论认为，以命题的形式处理存储在记忆中的语言信息的认知过程是人类知识的基本存在形式。命题由两个或两个以上的概念组成。一个句子可以包含多个命题，形成命题网络，并将事件信息存储在人的记忆中。人们说话时句子的表达是记忆中命题的组合，而对他人话语的理解则是对他们所听句子中命题与命题之间关系的分析。记忆中是一个命题，而不是一个句子，所以这句话不能用在原来的句子里。传统语法没有揭示语言表达、思维方式、母语知识、认知风格与认知策略之间的关系。因此，在当前以语法为中心的英语课堂教学内容中，很难实现教学改革的目标。即培养学生的综合英语应用能力。

（三）教学内容改革的途径

英语教学内容的改革是一个漫长的过程，涉及的范围很广。在此，我们提出了英语教学内容改革的两个方面，也是英语教学内容改革的两种途径。

1.英语教材改革

英语教学改革的目的是为了提高学生的英语综合能力。英语学习不仅包括语言输入，还包括语言输出，即读、写、译、听、说。这五种技能是密切相关、相辅相成的，英语语言系统由语音、词汇、语法、文化和语境等要素构成，是这五种技能的主导。因此，为了培养这五种技能，我们需要系统地学习英语语言系统。然而，在我国的英语教学中，教材的主要内容是语音、词汇和语法。对于许多学生来说，教师和学生往往过于注重语音、词汇和语法的教与学，而忽视了文化和语境。英语学习是学习英语阅读、翻译和写作，而忽视了听说技能的学习。

教材是教学内容的载体，决定着教学内容和学习内容，改革教材是教学内容改革的重要途径。在进行英语教学内容改革时，首先要改革英语教材，增加英语语言、文化和语境的内容，增加教材中的听说练习。阅读、写作、翻译、听、说五项技能之间的关系体现在教材中。英语教材科学、全面地揭示了英语语言系统的要素及其相互关系，使学生认识到英语学习是一个系统的过程，有机会接触到完整的英语语言系统。在教师的帮助和指导下，我们可以通过自主学习掌握英语语音、词汇、语法、文化和语境。在阅读、写作、翻译、听、说等实践中，我们可以理解、体验和把握英语语言系统和系统各要素之间的有机联系，从而吸收和消化英语语言知识。真正掌握和提高读、写、译、听、说技能，形成全面的英语应用能力。

2.改革教学方法

即使教科书进行了改革，以适应现代社会的新要求，如果教师仍然用原有的教学方法进行教学，那么教材的改革是完全没有意义的。因此，教学内容的改革必须伴随着教师教学方法的变革。目前，我国一些教材已结合社会变革的实际需要，体现了英语发音、同义词、语法、文化、语境等因素。他们不仅重视学生阅读、写作和翻译能力的培养，而且重视学生阅读、写作和翻译能力的培养。注重学生听说能力的培养。然而，在实际教学中，一些教师仍然沿用原有的教学方法。在教学中，他们仍然注重解释单一和相同的语法，忽视对文化和语境的解释，忽视教材中听力和口语能力的实践内容。不根据教材给学生练习语言的机会，特别是练习听说的机会，使教材的改革变成一张白纸。

从多元文化的角度看，教师应重视英语语境，帮助学生理解同一语篇在不同语境下的意义差异。在课堂教学中，要引导学生注意教材中的文化知识，自觉地将英语文化知识融入课堂教学，培养学生的跨文化意识和跨文化意识。以提高学生的英语交际能力。同时，除了给学生提供练习阅读、写作和翻译的实际机会外，还必须为学生提供练习听说技能的实际机会，使学生能够全面掌握读写、翻译、听、说五项技能。例如，教师在对教科书中的课文进行解释时，可以通过提问和讨论来使学生了解中英文化的差异，从而消除学生理解课文的障碍。然后根据课文的内容和学生的兴趣提出一些课题供学生分组讨论，使学生在讨论中积极思考，热情表达个人观点，从而锻炼自己的独立思考能力和语言表达能力。

三、教学方法改革

随着中国与世界经济一体化程度的提高，社会对人才的知识、能力和素质的要求不断更新，特别是对人才英语能力的要求也越来越高。然而，我国传统的英语教学模式是"教师/教材/学生"，在很大程度上抑制了学生的英语学习潜力，降低了学生的英语学习兴趣，降低了英语教学质量。为了提高学生的英语学习效果，英语教育界和学术界一直在探索和探索促进英语教学的教学手段。随着科学技术的发展，特别是信息技术的飞速发展，计算机技术、网络技术和数字视听技术的发展，多媒体应运而生。网络远程教学、多媒体课件等已成为英语教学的新手段。

（一）利用网络促进教学手段改革

过去，人们利用网络收发电子邮件、聊天等人际交往，随着网络技术的发展，人们逐渐认识到它的教育功能。丰富的信息资源、快速的在线查询、方便的即时聊天等都有利于为英语教学提供极大的便利，使英语学习可以从有限的学校空间的课堂转移到网络上的全球课堂。随着网络技术的发展，远程在线教育、虚拟大学和虚拟图书馆层出不穷。互联网上的英语教学组织越来越多，国际交流也越来越频繁。这些都极大地提高了英语教学的效率和质量。这是因为网络在英语教学中的运用具有以下主要特点。

1.网络教学的实时化

网络具有实时性，通过先进的通信和网络技术的应用，英语网络教学也具有实时性，可以实现异地教学同步，实现教师与学生的实时交流。它有利于教师及时从学生那里得到反馈，有利于学生及时向教师提出问题，从而帮助和引导学生及时解决困难。提高教学质量，提高学生学习效果。此外，通过师生之间的及时沟通，可以缩小师生之间的距离，有助于建立良好的师生关系，促进教学的顺利进行。

2.网络教学的交互性

在网络技术的支持下，教师可以利用网络向学生提出问题，引导学生进行讨论和回答。学生也可以通过网络向老师提问，老师也可以通过网络向学生提问。

这样，师生之间就可以相互沟通，进行双向交流，教与学相辅相成，达到师生相互促进的效果。

3. 网络资源多样性

传统英语教学的内容和形式受到很大的限制，而网络突破了传统教育的局限，呈现出丰富多彩的特点。互联网是英语资源的宝库。它包含了新颖、广泛、生动、实用的英语学习材料，包括图像、声音、动画、图像、文字等多媒体信息。它为教师和学生提供了一个生动、全面的教学环境，使教师和学生进入了一个丰富多彩的英语世界，帮助教师提高了教学水平和教学质量。帮助学生提高对学习和学习结果的兴趣。

4. 网络资源的开放性

开放性是网络资源的一个重要特征。互联网上的英语教材始终是最新的、开放的.这些信息来自不同的国家、地区和学科。网络克服了传统教学方法在时间、空间和教学对象上的局限性。使所有在线用户能够共享这些信息资源。

5. 网络资源的针对性

由于我国英语教师数量有限，不能满足英语教学的要求，因此大班教学已成为我国英语教学中普遍存在的现象。由于班级规模大，学生数量多，教师难以满足不同学生的学习需求。网络在英语教学中的应用，使教师能够根据学生的学习情况及时调整教学内容，对不同的学生进行不同的辅导，通过因材施教达到最佳的学习效果。通过网络，学生也可以根据自己的具体情况安排自己的学习，包括自己的学习内容、学习时间和学习进度。

事实上，现代网络英语教学主要采用同步和异步两种教学模式。同步教学模式是指利用时间方法实现实时交互的多媒体教学模式。

随着社会的发展、教育的发展和网络信息技术的发展，网络在英语教学方法改革中发挥着重要作用。教学改革强调以学生为主体，突出学生在教学中的中心地位，充分发挥学生在学习过程中的主观能动性，而不是传统的以教师为中心、被动接受的教育模式。网络英语教学作为信息时代计算机和通信技术应用于教育的一种新形式，实现了学生个性化教学。学生可以通过网络学习英语，完成作业和考试。学生可以参加网上讨论英语教学，询问老师等。随着网络技术的飞速发展，网络教育不仅是中小学英语教学的手段，而且已经成为继续教育和在职教育的最佳解决方案。

（二）促进多媒体教学手段的改革

计算机多媒体技术是指人与计算机通过多媒体进行通信，即人们可以通过键盘、鼠标、声音到行动等方式向计算机发送指令。计算机可以通过屏幕的图像、文字、声音和图像与人交谈。当多媒体技术进入教学领域时，越来越多的人开始关注多媒体技术。这主要是因为多媒体技术在英语教学中的应用具有以下功能。

1.营造良好的英语学习实践环境

语言作为一种交际工具，为了培养交际能力，必须在实践中不断运用。然而，在我国，学生处于母语环境，缺乏英语实践环境，很少有机会进行语言实践，甚至在教学中注重阅读、翻译、写作教学，很少有机会听到地道的英语。即使有机会听到练习，也是少之又少。事实上，大多数教师在课堂上使用课堂英语，学生很难准确地使用交际语言。因此，在教学过程中，教师必须为学生创造英语语言环境，为学生的语言实践提供条件和机会。计算机多媒体技术在教学中的应用弥补了这一不足，为英语学习创造了良好的实践环境。

多媒体课件是动态的，它克服了传统教材的静态特点，它可以利用图片、文本、声音和图像等媒体信息来表达英语知识，学生不仅可以听到真实的发音和语调。你可以直接看到对话的场景，以及说话者的表情、态度和姿势。这些特点使学生感受到多维的刺激，使学生有了一种直观的体验，从而帮助学生理解、吸收和模仿他们接触到的语言，使他们不知不觉地进入了英语思维和解决问题的领域。总之，多媒体技术为英语教学提供了丰富而生动的语言学习和实践环境。它不仅使学生在多媒体创造的交际环境中相互感染，相互学习。逐渐提高自己的语言能力，同时也提高了学生的英语学习兴趣。

2.提供一个互动的英语学习环境

在教学过程中，学生可以与教师进行交流，也可以更主动地与课件进行交流。

在传统的英语教学中，教师是课堂教学的主人。课前，教师安排了教学内容、教学方法、教学程序、学习练习等。在教学过程中，学生只是知识的被动接受者。在这种教学模式下，学生失去了学习英语的积极性。认知学习理论认为，人类认知的获得不是通过外部刺激直接获得的，而是通过外部刺激与人的内在心理过程之间的相互作用获得的。因此，教师必须调动学生的主动性和积极性，帮助学生获得有效的认知。

多媒体技术具有人机交互和即时反馈的特点.在多媒体计算机创造的交互式学习环境中，学生可以根据自己的英语水平和学习方法选择学习内容和时间。随着多媒体教学技术的发展，一些多媒体教学软件甚至可以选择教学模式。例如，根据研究的特点，可以选择个性化的教学模式或协商式的教学模式。由此可见，计算机多媒体技术的教学弥补了传统课堂教学中不同层次的学生被动接受同一模式和步伐，因材施教的严重缺陷。发挥每个人最大的主动性，激发学生的求知欲。

在计算机多媒体创造的交互式学习环境中，学生有积极参与的可能性，并非全部由教师安排，学生只能被动地接受。多媒体创造丰富多彩的人机交互是一种即时反馈的教学方法,使学习者和计算机通过一系列的交互来完成各种教学功能。这种交互式教学方法主要表现为"计算机提供信息,学生响应计算机判断和处理"。这个过程可以反复进行,直到计算机认为学生已经学会为止,让学生在学习过程中得到反馈,了解学习情况,并不断调整自己的学习速度、速度和难度。在使用多媒体学习的过程中,学生也可以通过分段播放和选择播放的方式充分理解他们所看到的材料的内容,也可以根据相关内容口头回答计算机提出的问题。通过人机对话模拟师生之间的双边对话。在这种学习模式和学习条件下,学生的精力集中,记忆力强,疲劳不易。这有助于提高学生的英语学习效率,有效地激发学生的英语学习兴趣。学生有很强的英语学习欲望,从而形成了英语学习的动机。

3.提高信息的可接受性和记忆性

心理测试数据表明,在正常人五种感官的知识吸收率中,视觉信息占833%,听觉信息占11%,嗅觉信息占3.5%,味觉信息占1%,触觉信息占1.5%。结果表明,正常人五种感官的知识吸收率分别为833%、11%、3.5%、1和1.5%。视觉、听觉器官吸收率为94%。很明显,视觉和听觉在知觉中起着最重要的作用。

计算机多媒体技术具有交互性、可视化、高效性等特点。多媒体技术在英语教学中的应用,使英语教学成为音效平行、视听化的教学,激发学生的各种感觉器官,将视觉、听力、发音等感官有机地结合起来,有利于激发学习者的学习主动性。提高学生学习英语的积极性,达到更高的接受效率;同时,结合文本、图像和声音的教学方法,使英语知识生动易学,便于学生理解和记忆。

此外,多媒体的应用可以减轻教师的部分工作负担,使教师摆脱繁重的教学和批改工作,更多的时间投入到提高自身素质和教学水平上。

目前,我国有大量的英语教学多媒体软件,它们在技术上已经比较成熟,充分发挥了多媒体在辅助外语教学中的作用。然而,这些软件旨在为教师的教学提供丰富的资源,为学习者的学习提供良好的环境,在学习内容上还存在一些不足。然而,随着多媒体技术在教学中的应用,这种具有个性化、交互性和体验性的技术将为提高英语教学质量奠定坚实的基础。

网络和多媒体的逐步应用,不仅使英语教学向个性化学习、时间和地点无关的方向发展,而且体现了英语教学的实用性、文化性和趣味性。并能充分调动师生的积极性,特别是学生的主体地位。网络和多媒体的应用突出和加强了学生听说交际能力的培养和培养,有利于提高学生的英语综合应用能力。在未来的英语教学改革中,为了解决中国学生听、说、表达能力差,缺乏英语教学教师,缺乏语言环境等问题。为了突出学生的中心地位,促进学生的个性化学习,培养学生的自主学习能力,我国应充分利用国内外优秀的教学资源和先进的计算机网络技术。为提高英语教学效果,为我国未来国际社会的发展提供一大批优秀的外语人才，设计和开发了英语教学多媒体课件。

四、教学方法改革

教学方法一直是教学研究的重点，也是我国英语教学改革的关键环节。

英语教学方法有语法翻译法、直接法、听说法、认知法、交际法、情景教学法、沉默法等。这些教学方法为英语教学理论和实践的发展做出了巨大贡献。然而，这些教学方法是在一定的历史条件下实现当时教学目的产物。它们一方面从各个方面丰富和丰富了外语教学方法体系，另一方面又过分强调某一方面，各有其长处。每个人都有自己的缺点。然而，随着社会的发展，社会对人才的需求也在不断变化，不同时期的教学理论也不尽相同，教学方法也会发生变化。

例如，传统的语法翻译方法过于注重书面语，忽视口语教育，将口语和书面语分开，使学生具有较强的阅读和翻译能力。他们也很可能至少没有听和说的基本能力，这给教学过程带来了很大的障碍。因此，语法翻译虽然在历史上极大地促进了外语教学的发展，但由于不适应时代的需要，语法翻译逐渐被其他教学方法所取代。交际法是在对传统语法翻译方法进行批判的基础上建立起来的。

随着社会的发展，我国对英语人才的需求也发生了变化，原有的教学方法已不能适应新时代英语教学的要求。随着国外一些新的教学方法的引入，英语教师的视野得到了拓展，广大英语教师积极参与了英语教学理论特别是教学方法的改革、研究和实践。使英语教学方法不断改进。然而，随着教育的发展，许多英语教师意识到从国外引进的教学方法已经不适应我国英语教学的实际需要。在一定程度上，英语教学方法的研究和实践都存在着一些误区。事实上，世界上没有普遍的教学方法，所以英语教师应该根据具体的教学条件，根据英语教育的具体需要，运用最有效、最适用的教学方法。研究具有自身特点的教学方法。我国的英语教学改革强调以学生为本，强调学生的主体地位，这就要求在教学中重视学生的个性，在采用教学方法时要挖掘学生的兴趣。因此，在教学改革中，要认真研究有利于激发学生学习兴趣的教学方法。我们认为，在教学方法改革中需要把握以下几点。

（一）以多种教学方法启发学生的思维

由于学生的英语水平不同，他们的学习特点和学习方法也不同，他们对不同教学方法的适应和喜爱程度也不同。为了提高教学效果，必须吸引学生的注意力，使学生身心都能参与课堂学习。因此，在英语课堂教学中，教师不应采用固定的教学方法，而应立足于教材、教学内容、学生特点等特点。各种教学方法的交替使用。采用多种教学方法，有利于营造活跃的课堂气氛，吸引学生的注意力，从不同的角度和侧面激发学生的思维。

例如，当一位老师在西方教一篇关于圣诞节的课文时，要摒弃传统的教学方法，因为大多数学生可以在准备之后阅读课文。在讲解这一课时，很容易使学生觉得课文很枯燥，从而使学生失去注意力，甚至使老师觉得老师没有什么新的东西可教，这是不值得一听的。为了失去对英语教学的兴趣。为了避免这种情况，老师可以先让学生在春节期间讨论春节，包括春节的历史渊源、风俗习惯和饮食习惯。然后介绍西方圣诞节，让学生了解圣诞节的历史渊源、节日习俗、节日食品等，让学生比较两种节日的不同之处，并通过学生的讨论总结出中国春节与西方圣诞节的不同之处。总之，我们可以教新单词、短语、句子等等。我们也可以用多媒体在圣诞节期间展示西方人的照片，或者放映有关圣诞节的电影。我们也可以在课间为学生演奏一些著名的圣诞歌曲。这样，学生不仅深深感受到西方圣诞节的喜庆气氛，而且激发了学生对西方文化的兴趣，从而激发了他们学习英语的兴趣。最后，教师还可以引导学生比较中西方节日的不同之处，教学生与其他中西方节日相关的英语单词，节日祝福表达等，并要求学生使用这些单词和句子来练习对话。锻炼学生的听说能力。在课堂结束时，你也可以要求学生们写一篇关于他们如何度过假期的作文。这样，通过学生讨论、教师总结、图片展示、电影放映、对话练习等方法，课堂始终保持着非常活跃的气氛，使学生不知不觉地增加了学习兴趣。随着英语交际能力和思维能力的培养，英语教学收到了良好的效果。

在外语教学过程中，教师要善于运用多媒体、直观教具、学习辅助工具、辅助教材等多种教育方法。在外语教学中使用直观教具，不仅可以使外语教学过程生动、直观，加深学生的印象，增强记忆，而且容易激发和保持学生的学习兴趣。最大限度地调动学生的学习积极性。此外，在教学过程中，教师还可以利用自己的眼睛、手势对一些学生进行启发和暗示，同时考虑到不同学生的需要。

（二）课堂提问，激发学生的主动性

英语是一门实用的课程。学习英语需要大量的语言实践，才能掌握英语知识和与英语交流的能力。在我国，学生生活在母语，即汉语环境中，很少有机会用英语进行交流。课堂教学已成为学生英语交际的主要场所，课堂提问是师生交流的主要方式。有效的课堂提问可以激发学生积极参与课堂教学活动，提高学生课堂教学活动的积极性。因此，英语教师应掌握课堂提问的方法和技巧，有效地促进学生积极参与课堂教学，活跃课堂气氛，达到提高外语教学水平的目的。为了更好地利用课堂提问来激发学生的主动性和积极性，教师应注意以下几个方面。

1.根据学生的学习特点进行教学

英语教学的对象是学生。为了采取有效的教学方法，提高教学效果，教师首先要了解教学对象的情况。教师应了解学生的情况，包括掌握英语知识、英语水平、语言能力、英语学习的优势和劣势以及他们的个性特征等。只有充分了解学生在这些方面的差异，教师才能在课堂教学过程中，根据学生提出的问题询问不同的学生，努力使每个学生都能积极地参与到课堂中来。让他们在轻松活跃的课堂气氛中学习。如果教师不了解学生的特点，很容易在教学中找到优秀的学生回答问题，从而使其他学生对英语课堂失去兴趣，甚至对英语失去兴趣；或者是因为不了解学生的英语水平，使英语水平回答一些困难的问题，使他们感到尴尬，对英语学习失去信心和兴趣。为了使学生能够因材施教，教师应该了解他们所教的学生。

2.运用启发式教学法激发学生学习积极性

学生是否积极参与课堂活动，在很大程度上影响着学生的学习效果和教师的教学质量。运用启发式教学方法是激发学生英语学习积极性的有效途径之一。启发式教学的关键是创设一种情境，引导学生提问，提出问题，激发学生的主动思维和求知欲望，使学生参与英语教学活动。培养学生思考和分析问题的能力。因此，作为一名教师，教师不仅要考虑教学的顺利进行，还要考虑学习的效果。为了保持轻松和谐的课堂气氛，帮助学生掌握课堂教学的内容，激发学生的求知欲，调动学生的学习积极性和主动性，教师不仅要认真考虑各个教学环节，尽量安排课堂的每一步和每一个细节。预测和估计教学活动的发展，对可能出现的各种问题做更充分的思想准备，同时要注意启发式教学方法的运用。

3.正确处理学生错误

在这个过程中，人们学会了一切，在这个过程中，他们不可避免地会遇到困难和犯错。同样，学生在学习英语的过程中，难免会出现一些错误。当老师在课堂上向学生提问时，学生不可避免地会不理解问题或回答错误的问题。对于如何在学习过程中处理学生的错误，人们有不同的看法。功能心理学认为，学生在语言学习和交际过程中不可避免地会犯错误，而错误的产生恰恰是语言学习从不完善到完善的过渡。只要不影响对语言的全面理解，就没有必要纠正错误；行为主义心理学主张，错误必须纠正，才能形成正确的语言使用的动态刻板印象。我们认为，在学习英语的过程中，学生已经担心他们的语言表达错误会给别人留下不好的印象。如果老师总是指出学生的错误，很容易给学生造成心理负担和压力。使学生不敢犯错误，被嘲笑，不敢说英语，不再参与课堂活动，甚至使学生在英语课堂教学中感到非常沮丧，害怕英语教学，对英语学习失去信心和兴趣。因此，在实际的教学活动中，教师应避免在学生交流过程中出现太多的错误。当学生参与课堂活动时，教师应该对学生犯的一些不影响他们的沟通和理解的错误采取宽容的态度。教师应根据具体情况纠正和引导影响交际和理解的错误。如果老师发现学生的错误，可以要求学生重复表达，使他认识到自己的错误并及时纠正；或者老师自己以不同的形式重复正确的句子，使学生意识到他们所说的与他们听到的不同，所以他们纠正了自己的错误。

（三）提高学生对课堂的兴趣，激发学生的学习兴趣

心理学认为兴趣是一种心理倾向，使人们往往倾向于理解、掌握某一事物、努力参与某一活动，并具有积极的情感色彩。苏联教育家赞科夫提出，一旦教育法触及学生的情感、意志领域和学生的精神需要，这种教学方法就能发挥非常有效的作用。

由此可见，兴趣是英语教学活动的重中之重。僵化的教学方法既不能使学生对教学产生兴趣，也不能产生良好的教学效果。因此，教师在教学中应注意满足学生的精神需求，提高课堂的趣味性。事实上，一个优秀的英语教师应该使英语课堂教学丰富多彩、有趣，从而激发学生的英语学习兴趣，保持学生学习英语的积极性和积极性。可以说，教师的教学能力在很大程度上取决于他激发学生学习兴趣的能力。

在教学过程中，教师应始终关注课堂兴趣对学生兴趣的影响。教学方法的多样化和直观教具的使用是调动学生积极性的有效手段。英语竞赛和游戏在激发学生兴趣方面也起着非常重要的作用。

例如，通过在英语教学中安排比赛和游戏，教师不仅可以活跃课堂气氛，消除学生的课堂疲劳，给学生带来轻松感，促进积极思维，而且可以提高学生学习英语的兴趣和信心。它有助于培养学生的习惯和说话能力。因此，在正常的教学过程中，教师应始终在课文中找到有助于组织英语比赛和游戏的材料。例如，老师可以在课前、课间或课后几分钟播放一些英语歌曲，反复学习和唱歌，仔细听，然后把歌词空白打印出来，让学生把缺失的歌词添加给学生；或者放上一些英文原版电影，让学生根据自己对配音的理解来看。通过这些方法，不仅可以活跃课堂气氛，而且可以培养学生的听说能力，更重要的是可以有效地激发学生学习英语的兴趣。

说到底，在双边的教与学活动中，教师在营造轻松和谐的课堂氛围中起着主导作用。教师要用自己的热情、精力和细致的准备，营造一种轻松和谐的课堂氛围。引导学生以积极的态度参与各种教学活动，有利于学生的积极思维，有利于提高教学效果，有利于培养学生的英语交际能力。值得注意的是，营造宽松和谐的课堂氛围并不是一味迎合学生的品味，而是要淡化学生的防御意识，有利于有效的教学内容和教学目标的实现。

五、教学场所的改革

在我国英语教学中，课堂教学是向学生传授英语知识的主要形式。然而，实施课堂教学的地方，即课堂教学设备相对简单，课堂教学时间也有限。因此，教学场所的改革主要考虑了设备和时间限制等问题。

（一）利用图书馆设备资源的优势

随着国家对教育的重视，教育得到了迅速的发展。学校图书馆的快速发展是教育发展的重要表现之一。学校图书馆的快速发展主要体现在：馆员学历水平大幅度提高，馆员素质明显提高，图书馆各学科学习资源得到极大丰富，图书馆设施得到极大改善。

近年来，随着现代技术的发展，图书馆信息素质和科研能力的不断提高，数据库资源已成为许多图书馆引进和发展的重要资源。数据库载体具有文本、图像、网络数据库等多种特点，为学生英语学习提供了多种材料。特别是包含大量英语学习光盘的"多媒体光盘镜像数据库"，促进了读者从独立版本到局域网版本对文档资源的访问，实现了光盘资源的共享，极大地提高了光盘的利用率。数据库资源建设是图书馆为读者服务的基础，是图书馆自动化的重要组成部分，是实现资源共享的重要环节。

学校图书馆不仅拥有大量的数据库资源，而且还蕴藏着大量的英语书籍和英语多媒体资源。其中包括大量与英语教学相关的材料，大量的英语阅读书籍，以及供学生选择的各种磁带、英语多媒体光盘以及供学生下载各种语言学习软件的英语学习软件。

随着多媒体技术的发展，许多学校，特别是高校，纷纷在图书馆或英语学习视听教室建立多媒体网络教室，以促进英语教学。这些教室的设备比较先进，可以调动和利用图书馆的各种英语教与学资源，有利于英语教学的发展。

我国传统的课堂教学设施相对简单，课堂资源有限。学校图书馆拥有丰富的文献资源、多媒体资源、网络数据库资源、多媒体网络教室、英语学习专业音像室，弥补了传统课堂的不足。图书馆丰富的现实虚拟资源和先进的课堂设备为英语教学提供了有力的保障，将极大地提高英语教学质量。

除了利用图书馆的文献资源和设备进行英语教学外，教师还可以与图书馆的馆员合作。图书馆邀请英语教师和英语专家进行专题讲座、专题讨论会、讲座等。我们还可以开展英语角、英语诗歌比赛、英语戏剧表演、英语电影配音比赛等活动，以提高学生的学习兴趣，引导学生积极学习英语。

（二）利用因特网上的第二个教室

在传统课堂中，教师是知识的传播者和灌输者，学生是知识的接受者和灌输对象。在这种情况下，学生学习英语的积极性不高，学习的主动性也没有得到很好地发挥。教师的教学质量不尽如人意，学生的学习效果大大降低。随着网络信息技术的发展，网络应用越来越广泛，网络在英语教学中的应用也越来越广泛。目前，我国一些条件学校已经利用网络开发和安排了一些网络课程。网络辅助英语教学具有传统英语教学无可比拟的优势，主要包括以下几点.

1.网络促进师生互动

与传统的教学模式相比，网络具有交互性强的特点。网络的使用可以增强师生之间的互动，建立互动学习模式，充分体现学生的主体地位，突出以学生为中心的教学理念。在互动学习模式下，教师的主要任务是引导学生掌握知识获取方法，使学生具备获得知识和自我更新知识的能力，培养学生的创新思维和创新能力。

2.网络有利于学生个性化学习

英语教学要关注每一个学生，关注学生的差异是教学改革的重点。然而，由于班级规模大，每班学生人数多，学生的英语水平因班而异。教师在教学中不能照顾每一个学生，不能满足学生的个体需要，而只能满足大多数学生的需要，因此在传统的教学模式中，不能体现学生的个性特征。在英语学习过程中，教师引导全体学生学习基本目标知识，完成基本教学目标。它还能使学生通过教师指导下的基本练习，了解自己的学习情况，并根据自己的英语水平和英语学习方法选择自己的学习目标。总之，网络的优势有利于实现不同层次的英语教学，有利于个性化教学。它也有助于满足学生在英语学习中的个性化需求，提高学生的学习兴趣和学习效果。

3.网络可以培养学生的学习兴趣

随着计算机的应用范围逐渐普及，有人提出，未来社会的"文盲"是指不懂计算机操作的人；当我国刚刚掀起英语学习热潮时，有人提出，不懂英语的人将来会成为新一代的"文盲"。这表明了计算机和英语对现代人的重要性，说计算机和英语是现代人的两种必不可少的工具。在现代英语教学中，人们逐渐将两者统一起来，即通过计算机学习英语，或通过网络学习英语。教师可以充分利用网络的优势，引导学生利用网络找到英语学习材料。例如，在英语阅读教学中，教师可以确定阅读主题，并提供相应的网站或文章，使学生能够独立浏览阅读内容，并组织相应的阅读笔记，供师生在课堂上进行交流。由于每个学生都有自己的兴趣爱好，网络资源丰富多样，学生在寻找英语阅读资源的过程中很容易找到自己感兴趣的话题，从而激发学生的学习兴趣。使学生养成在线阅读英语的习惯。兴趣是学生学习英语的最好老师。一旦一个学生对网上的一篇文章感兴趣，他一定想读这篇文章，即使他们在阅读的过程中遇到了生词，他们也会尽力去理解。在这一过程中，由于学生的兴趣，在英语学习中发挥了积极的作用，英语词汇量增加，阅读能力自然提高。此外，学生还可以在互联网上浏览不同的文章，了解不同国家的文化背景，拓宽视野，增加知识，拓宽思维。

4.电子学习的时间是灵活的

网络不同于传统的学校课堂教学，网络具有时间灵活性。学生通过互联网学习英语，英语学习不再局限于学校课堂教学，时间不限于每节课数十分钟。在互联网的帮助下，学生可以灵活地安排自己的时间，甚至放学后和在家继续学习，也可以通过网络及时询问教师或网络上的其他人。这样，学生的学习不仅从课堂延伸到课外，不再受课堂短时的限制，而且有利于培养学生的自主学习能力和良好的学习习惯。

此外，网络资源非常丰富，教师可以在网络上搜索和下载相关的英语教材，丰富自己的知识，在课堂上扩充英语教材，从而提高学生的英语知识。

六、考试形式改革

考试作为对教师教学状况和学生学习状况的反馈形式，不仅能帮助教师了解其教学条件是否包括教材、教学方法、教学手段、教学环节等。这有利于提高教师的教学水平，也有助于学生了解自己的学习差距，促进学生改进学习方法，提高学习效果。随着对教学目标、教学内容、教学手段和教学方法的深入研究，传统的评价教学的考试方法也需要进行改革，以适应和促进英语教学改革的进一步发展。其次，分析了我国英语考试模式改革的必要性和目的。

（一）改革考试表格的必要性

考试是学科教学的重要环节，是检验教学效果的重要手段。

作为一门语言课程，英语应该通过听、说、读、写、译来学习，以达到预期的效果。因此，在评价英语教学质量和学生学习效果时，还应全面测试学生的听、说、读、写、译五个方面的知识和能力。

但在我国，笔试是主要的考试方式，用试卷来评价学生的英语知识水平。很少有其他的测试可以作为参考，而且在英语教学中它们大多是一样的。然而，要用一支笔、一张纸和一张纸来测试学生的听、说、读、写、译能力是困难的，也是不可能的。要反馈学生的实际英语水平和实际能力是很困难的。这种考试方法既不能正确、现实地反映学生的学习状况，也不能对教师的英语教学起到积极的指导作用。相反，这可能会在一定程度上降低学生的学习热情。使学生对学习英语产生兴趣和信心，使学生产生消极情绪，这种情绪甚至可能蔓延到其他学科。此外，由于这种考试只注重笔试，只包括笔试，所以为了应付考试，我们的学生在学习英语时过于注重笔试，直接忽视了听说能力的练习，而对于英语来说，听说是核心技能。从长远来看，尽管大多数学生忽视了听力教学的重要性，但教师忽视了听力能力的教学，导致听力教材单一，缺乏兴趣和多样性。很难激发学生学习英语的兴趣。

以 CET-4 和 CET-6 为例，长期以来，我国学生英语阅读水平和听力水平的发展非常不平衡。这主要是因为 CET-4 和 CET-6 考试侧重于阅读、写作和翻译能力的测试。为了通过四级和六级考试，学生们把精力集中在这三个练习领域。为了提高四、六级的通过率，教师只传授这三个方面的知识和技能。尽管近几年来，英语四级和六级考试增加了听力试题，但口语测试已经逐步引入。然而，由于我国长期忽视英语听说能力教学，教师和学生都认为提高英语听说能力是一件事半功倍的事情。因此，学生和教师仍然注重笔试的处理。毕竟，CET-4 和 CET-6 在听、说、读、写和翻译方面只需要一定的分数，而不是一定的分数。

然而，由于英语学习的测试应该以学生的交际能力为主，即听、说、读、写等，如果仅用一次笔试来衡量学生的英语水平，就有明显的缺陷。因此，这种考试方法对英语专业课有一定的局限性，应进行改革。为了更好地掌握学生的英语理解能力、英语语言理解水平和英语交际水平，教师应安排听力测试、口语测试和英语交际，以弥补笔试的不足。

事实上，更加科学合理的考试形式不仅可以全面地检验教师教学的科学性、学生的英语知识和交际能力，而且还可以通过考试将教学效果反馈给学生。它促使学生充分发挥自己的主观能动性和内在学习潜能，有效地提高学生的学习兴趣和学习能力，促使教师反思教学方法等。不断提高教学水平。

（二）考试表格改革的目的

考试的目的是检验教师和学生的教学质量和学习效果，促进教师提高教学水平，促进学生改进学习方法和技能，改革考试形式以获得更科学的反馈。更好地提高教学质量和教学效果，这是考试形式改革的目的之一。事实上，考试形式改革的目的并不是唯一的目的，但它的目的是不同的方面。认识到这一点，有助于促进英语考试形式的改革，促进整个英语教学改革的顺利进行。

1.从考试反馈信息看教学问题

通过考试反馈信息、反思教学问题，这一目标是从学校、教师的角度考虑的。虽然考试所得的反馈只能用来评价学生的成绩，了解学生对教学内容的认识，了解原有教学目标的实现情况，但不能用这个测试结果来调整教学的前几个阶段的决策。然而，这些测试的结果可以反映出以往教学方法的优势和问题等，为未来的教学决策服务，提高教学决策的水平。以提高学生的英语水平。因此，通过改革英语考试的形式，教师可以获得更科学、更合理的考试结果，使教师能够更全面地总结教学中的成功经验和问题。针对存在的问题，笔者对教学计划和教学方法进行了重新思考，以使下一批学生的学习更加成功。更好地实现教学目标。

2.考试反馈信息指导下的教学设计调整

英语教学改革强调未来的教学应以学生为中心，可以说，教学的根本问题是学生能否实现课程目标，考试模式的改革也是为了提高学生的英语技能，以达到教学目标。

通常，考试是在课程结束时进行的。然而，等到课程结束后考试才会使考试结果对促进教学发挥不及时的作用，弱化考试反馈信息对英语教学可能会产生有益的影响。因此，我们主张对英语教学进行分阶段的测试，不仅在课程结束时，而且在课程开始之前和在课程的过程中。

通过在课程开始前的测试，了解学生的整体英语水平和个人水平差异，找出学生的长处和弱点，掌握学生的需求。为教学设计提供决策信息。可以看出，从课程开始前的考试中得到的反馈是前瞻性的，可以指导课程开始时的教学。

在考试过程中，教师可以及时了解学生的学习成绩，及时发现学生的学习进度和存在的问题，使教师能够根据考试反馈信息调整教学进度和教学计划。有利于加强学生的薄弱环节，促进学生的进步，提高教学效果。

3.更好地为课堂教学评价服务

改革英语考试形式的最终目的是使英语考试更好地为课堂教学评价服务。为了获得更准确的评价结果，不仅要调整考试形式，保证考试质量，而且要认识到，教学评价不仅是针对学生的学习，也是针对教师的教学。一个好的教师应该认识到，教会教学的评价结果是教与学效果的反映。他不能把学生考试的好成绩归因于自己，也不能在学生成绩不理想时把责任推卸给学生。事实上，当考试、教材等条件完成时，考试成绩不仅关系到学生，而且关系到教师的教学。教师只有了解了这一点，才能找出英语考试中各种问题的成因，找出解决问题的方法。改革考试形式的目的是使考试结果更准确地反映学生的实际情况，减少考试形式，不科学的课堂评价带来的障碍，更好地了解教师对课堂教学评价的影响。

有效的教学评价有助于教师根据学生的个人或群体的需要，对教学内容、教学进度和教学方法进行及时的监控和调整，从而做出适当的教学决策，从而促进学生的语言学习。但值得注意的是，课堂教学评价的目的不是寻找最佳决策，而是寻找最合适的决策。即教学决策应与教学目标、师生能力、个性、教学风格、学生基础等因素相适应。在进行教学评价时，要明确理想教学目标与实际教学实践之间的距离,把握教学决策的"度",避免相互忽视,制定教学评价方案,把握评价的历史和发展,抓住评价的机遇。评价方法应多样化、多样化,以更真实地反映学生的学习情况和教师的教学情况。

4.促进学生探索个性化学习方法

如果英语考试方法不全面、不科学,当学生考试成绩不佳时,他们可能会把不满意的结果归咎于考试的形式,而不是从自己的来源寻找原因。因此,他们失去了反思自我学习和寻找合适的学习方法的机会;即使学生获得了好的考试成绩,他们也会对自己的学习方式产生怀疑。通过对考试形式的改革,使考试形式趋于合理化和科学化。当测试结果更好时,学生更有可能相信他们的学习方法是正确和成功的,这样学生才能对自己的学习充满信心。并更积极地探索适合自己个性学习的方法;当考试成绩不理想时,很难怪学生考试的形式。相反,他们只能反思自己的学习方法、学习习惯,探索自己的个性和学习特点,找出适合自己个性的学习方法。养成适合你的学习习惯。如果教师及时给予指导,可以激发学生的主动性,使他们能够更快地探索个性化的学习方法。

从多元文化主义的角度看,信息量呈爆炸式增长。学生在学校教师教学中学到的东西是有限的。更重要的是掌握自主学习的能力,掌握学习的规则和技能。因此,考试改革的目的具有更深远的作用和意义。

(三) 改革考试表格的方法

在此之前,我们讨论了英语考试形式改革的必要性和目的,并提出了一些改革英语考试形式的主要途径。

1.非自尊问题

在我国,传统的考试形式主要是笔试,而在笔试中,选择题是主要的考试形式。选择性试题所占比例较高。许多学生以侥幸的心态参加考试,并以猜测的方式回答。即使学生认真地参加考试,这些单一选择的问题也很难反映学生的实际英语水平。使考试失去了实际意义。为了改变这种现象,可以在笔试或非选择性试题中添加非选择性问题,如阅读理解中填空的单词和句子、综合测试中的简短答案、汉英翻译、听力复合听写等。增加非选择题在考试中的比重,一方面可以提高考试的科学性、客观性和公正性,另一方面也可以全面测试学生的实际英语能力,从而极大地调动学生的学习积极性。为了促进英语教学适应社会的需要,全面发展听、说、读、写、译技能。

2.积极促进口试

由于我国一直以笔试为主,忽视了听说能力的测试,英语教学中忽视了学生听说能力的培养,造成了"哑巴英语"现象。随着经济的快速发展,这种新的形势对学生的英语口语能力提出了新的要求,也对我国的英语教学提出了新的挑战。语言是交际的工具,语言的功能是在国际交流中使用语言。为了适应社会发展的新变化和要求,我国必须对涉及整个英语教学改革的考试形式进行改革,即增加口语考试,积极推广口语考试。由于我国教师数量有限,已成为口语考试推广的一个障碍,我国正在积极寻找解决办法。目前正在积极研究和开发的计算机化口语考试,将是消除教师障碍,进一步扩大我国口语考试规模的有效途径。

3.发展各种口试方法

在积极推进口语考试的同时,也要注意口试形式的多样性,以避免考试形式的单调性,限制学生的能力。例如,教师可以根据课程内容准备多组问题,学生可以抽签选择特定的问题类型。问题可以包括:阅读和翻译某一词或短语;阅读一篇文章和翻译;或阅读一篇文章,然后用英语回答教师的问题;阅读一篇文章并分析其中的语法;根据试题进行口头作文或即兴创作、演讲等。这种英语测试有利于学生基础知识和基本技能的考核,有利于提高学生的英语口语表达能力,有利于学生适应形势的锻炼,更重要的是有利于这种测试的采用。教师当场给点,可以评价学生的学习成绩,这样可以促进学生改善自己的学习缺陷,保持学习的优势。

英语教学改革是一项巨大的工程,不仅涉及教学观念、教学内容、教学手段、教学方法、教学场所和考试形式等方面的改革,而且涉及教学改革的其他方面。改革和发展需要教师、研究者和实践者的不断探索和更新,为学生的学习和发展创造一个合适的氛围和条件。

第二节 多远文化背景下当代英语教学的发展

随着全球化进程的加剧,各国人民之间的交往越来越频繁和密切。语言作为一种基本的交际手段,在国际交往中发挥着不言而喻的作用。对于符合国际标准的中国来说,提高人民的外语素质,尤其是世界上使用最广泛的英语,显得比以往任何时候都更加迫切。英语教育和学习已成为我国素质教育的重要组成部分。随着世界经济和社会的发展,英语的使用越来越广泛,英语在国际交流中的作用也越来越重要。因此,展望未来英语教学的发展趋势,有利于我国英语教学的发展。我们认为,当代英语教学的发展趋势包括以下几个方面。

一、建立新型师生关系

随着社会的发展和教育的发展,教师的角色发生了变化,教师从知识传播者转变为学生学习的促进者、组织者、引导者和参与者。传统的教与学教学模式已不能适应现代教学的要求。这种教学模式将逐步转变为教师与学生之间的教与学模式，师生将在"边学，边做边学"中共同努力。使学生成为学习的主人，形成真正的师生学习共同体。从多元文化的角度看，教师不仅要提高自身的专业知识和教学水平，还要转变观念，建立新的师生关系，重视师生之间的情感交流。

基本人性观是新师生关系的前提，新师生关系的建立要求教师树立民主、平等、和谐、合作的教育观。教师是教师，是学生的朋友，是共同寻求真理的伙伴。和谐的师生关系有利于形成宽松的教与学氛围。只有当我们感到放松时，我们才能放松，形成教师音乐教学和学生音乐学习的最佳状态。要建立新的师生关系，我们必须做以下几点.

（一）师生合作关系

师生合作关系是指教师不再是上级权威的拥有者，而是教师与学生在人格上完全平等。传统的教师尊严认为，需要严格的教育来启迪良知，这反映了师生之间的关系，而不是合作。教师假装权威，强迫学生以胁迫的方式和态度服从教师的意志。这种义务教育方式很容易损害学生的自信心和进取心。这甚至会引起学生对老师的厌恶和对学习的恐惧。现代教育认为，人具有积极向上的本性，具有成长和进取的潜力。教育的目的是开发人的潜能，促进入学的健康发展，而传统的权威师生关系会扼杀初学者的潜能。因此，教师应摒弃传统的教师尊严，适应现代教学的目的，成为学生的合作者，共同促进学生潜能的发展和健康发展，促进师生合作关系的建立。

（二）和谐师生关系

师生关系的和谐与否，关系到教育教学的效果，关系到教学目标的实现，关系到学生的身心健康。为了构建和谐的师生关系，教师应尊重学生的尊严和人格，避免偏见和偏见对待学生，及时发现不同学生的亮点，给予积极和积极的评价。激发学生的学习兴趣和积极性，增强自信心，促进学生朝着积极健康的方向发展。同时，老师应该处处关心他们的学生。处处关爱学生，意味着教师要学习学生，了解学生，进入学生的内心。走进学生的心灵是构建和谐师生关系的关键。只有认真观察和理解学生的思想、心理和行为，学会从学生的角度看待问题，从学生的角度思考问题，才能建立和谐的师生关系。为了更好地发挥教师的作用，淋漓尽致，取得更好的效果。

（三）师生之间的思想感情交流

从多元文化的角度看，师生关系既是教与学的关系，也是双方思想感情交流的过程。一般来说，学生是否喜欢一门课程，往往会受到师生关系的影响。喜欢老师的学生在课堂上会非常活跃，表现出极大的学习热情和兴趣。师生关系可以直接影响和制约学生的情感和意志,影响学生的学习活动。因此,教师应注意学生情感因素对教师的影响,注意教学中的情感输入,将真挚的情感投入到学生身上,用善良、鼓励、信任、尊重的情感信息唤起学生的情感共鸣。

从多元文化的角度看,英语作为一种国际语言的学习已经变得非常重要,提高学生的英语运用能力已成为我国融入国际社会的关键。学生对英语学习的兴趣在很大程度上决定了他们的语言水平。教师作为培养学生交际能力的带头人,一方面要向学生传授语言知识,引导他们掌握英语语言技能,同时要注重培养学生的跨语言和跨文化交际能力。另一方面,要注重培养和维护学生的英语兴趣,最大限度地发挥外语教学的内涵,即传授外语,而不仅仅是传授语言知识。它也是传授语言的文化。为了达到更好的教学效果,教师应摒弃传统的师生观念和师生关系,注重学生的表现,欣赏学生的思想,重视学生的问题,在教学工作中接受学生的意见。宽容学生的错误,建立合作、和谐的师生关系,重视师生之间的情感交流,为学生提供多种发展平台。

二、从事教学研究的教师

科学理论是实践的先导,是创新的基础。英语教学理论研究是英语教学实践的基础。英语教师不仅要学习和掌握相关的教育教学理论,还要积极投身于教学理论的研究,从事英语教学的研究。以促进自身教学实践的发展。

自从英语教育引入中国学校以来,关于改进外语教学方法和提高外语教学效率的研究在我国外语教育领域从未停止过。20世纪上半叶,出现了一批外语教学研究专家,编撰了许多关于外语教学的专著和教材。20世纪中叶以来,许多高校教师,特别是师范院校外语教育法研究者,致力于外语教学的研究,为我国的教育事业做出了重要贡献。

近年来,教师成为教学研究的重要力量,教育研究正从专家学者的殿堂走向课堂。教师教学研究已成为我国教育研究发展的重要趋势。

教师具有丰富的教育教学实践、深厚的教育教学经验、紧迫的研究课题、最大的实验群和实验空间,可以结合教学实践开展教学理论研究,促进教学研究的发展。根据研究课题的需要,教师可以有目的地学习相关的教育理论,结合教学活动加深对教育理论的理解、消化和吸收,最终使自己的知识和能力提高。这有助于提高教师的教学理论和教学能力。可见,从事教学研究的教师不仅是教师专业成长的重要途径,而且是教育实践与教育理论之间的桥梁。随着英语教学的发展,教师的教学研究将成为我国英语教学的发展趋势。

三、整合文化意识

英语教学的目的之一是帮助学生了解世界与中西文化的差异，培养爱国主义精神，形成健康的人生观。从多元文化的角度看，跨文化知识将是未来英语教学的重要组成部分。培养学生的跨文化意识、跨文化意识和跨文化交际能力将成为当代英语教学的发展趋势。

语言作为人类交流的工具，是社会的一部分，是人性的一部分，是人自身的一部分，不是人类社会之外的一个独立的系统。任何国家或民族的语言和文化都是相互依存、相互作用和不可分割的有机体。语言是文化的载体，不同的语言代表不同的文化，没有语言，没有文化，语言是外壳。

在英语学习中，即使掌握了基本的语言知识，如果对语言的文化内涵缺乏理解和理解，忽视了不同语言的文化差异，就很难准确理解语言的含义。因此，教师应重视文化背景知识的教学，有意识地、有目的地、尽可能地传授西方国家的文化背景知识和不同文化之间的差异，努力增加学生的跨文化知识。从而了解不同社会背景的人的语言特点和文化习惯，努力提高学生对语言和文化差异的理解能力和敏感性，提高跨文化交际的效果。此外，虽然不同语言中某些词的概念大致相同，但表达的意义和社会文化表达的意义往往是不同的，具有较强的民族性，因此，教师应特别注意词汇教学的内涵和词汇延伸的文化内涵。

在教学过程中，教师应注重文化意识的整合，加强文化背景知识的教学，帮助学生更深入地理解语言及其背后的文化，增强学生的文化理解能力。提高学生跨文化交际能力。教师可以采取以下措施将文化知识融入课堂。

（一）在教学目标中突出文化地位

随着世界的发展，我国的发展已逐步进入国际轨道，在国际化的大舞台上发挥着越来越重要的作用。培养与我国发展相适应的人才，即培养面向世界的人才，即培养懂得各国语言文化、具有国际竞争力的人才。这对我国英语教学提出了新的要求：我国未来的人才必须具有国际视野和世界意识。因此，英语教学应重视文化的地位，培养学生的跨文化意识和跨文化交际能力。

英语作为一种交际语言，是日常生活中的一种交际工具，它的功能是使人们相互交流。然而，简单的机械语言学习，不涉及语言和文化，不能让人们准确地交流。例如，在翻译幸运狗时，如果我们不了解英国文化，我们可以把它翻译成"幸运狗"。因此，在英语教学中，教师不应局限于教授学生英语基础知识这一狭隘的目标。然而，一些关于英美文化、英美风俗习惯和英汉文化差异的知识应该被纳入其中，使学生能够理解他们所学语言的文化背景，并强调文化在教学目标中的重要性。

在我国英语教学中，英语教学应确立四个目标：知识目标、能力目标、文化目标和情感目标。知识目标是语言能力发展的基础，主要包括语音知识、词汇知识和语法知识。能力目标是指在语言知识的基础上发展起来的听、说、读、写能力，以及与英语交流的能力。文化目标是中国从封闭走向开放后，中国公民应具备的素质，主要是使学生了解英语国家的价值观、思维习惯、社会习俗和当代生活。了解中国文化与英语文化的差异，提高跨文化意识和国际理解，最终使学生具备跨文化交际能力。情感目标是培养学生对英语文化的文化敏感性、尊重性、开放性和宽容性，并通过多元文化比较，引导学生更清楚地感受到中国文化的独特性，增强爱国热情。

（二）在教学内容中增加文化背景

在中国，汉语是母语，英语是外语。因此，我国英语学习的两个主要特点是：一是在汉语语境中学习，二是在课堂上学习。在这种以汉语为母语的语境下，学生主要依靠教科书来理解、理解和感受英语文化，而不像学习汉语一样，在学习汉语的同时也能理解和掌握中国文化。因此，教科书和教师的教学内容应反映英语国家的文化和习俗，使学生能够同时学习英语。学习英语民族文化和社会习俗，而不是用英语谈论中国，用英语学习中国文化。

此外，语言来源于社会，表达生活。随着社会的发展，知识在更新，语言在发展。英语每年产生新的融合，并逐渐消除一些旧的。因此，教学内容应尽可能贴近英语国家的实际生活，使学生学到的语言与现实生活联系起来。学生们只觉得所学到的东西与现实生活息息相关，可以应用到社会生活中去。更积极地学习。

（三）在课堂上创造文化氛围

从多元文化的角度看，向现代社会的学生传授语言知识是不够的，也不足以使学生了解造成语言差异的不同文化背景。学习英语是将英语作为一种交际工具掌握的过程，也是将英语文化理解为一种工具的过程。因此，真正的外语学习应该是一个从工具到文化的过程。语言只有在相应的文化氛围中才能被激活，文化只有在语言的交流中才能充满魅力。课堂是学生接触和学习英语文化的主要途径。因此，在英语教学过程中，教师应营造一种与语言相适应的文化氛围，培养学生准确、自然地与不同文化背景的人进行交流的能力。

要在课堂上营造文化氛围，教师首先要增强文化意识。教师可以从文化的角度解读文本的文化内涵，比较英汉文化差异，确定向学生传授的文化教学内容，利用英语文化的具体内容和参考材料丰富教学活动。在真实的交际环境中，学生也可以通过扮演戏剧和其他实践活动的角色来体验不同文化的差异。

其次，教师要注重学生的主体地位，鼓励学生在学习中发挥主动性和创造性，提高学生的自主学习能力和英语运用能力。在英语教学中，教师要为学生创造思维空间，善于引导学生思考、讨论、回答和提问，而不是限制学生的思维。例如，教师在讲授购物情景对话时，应避免传统的教师讲解和学生背诵的教学方法。他们可以指导学生把课本的例子放在一边，让他们先做自己的假设。学生们被分成小组讨论如何组织对话和练习。最后，教师对学生的表现进行评价。在这种情况下，激发学生的创造性思维和学习主动性，在积极的氛围中学习和感受英语文化，从而激发学生学习英语和学习英语文化的兴趣。

最后，教师应营造一种文化氛围，开展广泛的课外活动。为了让学生有更多的机会接触、理解和学习英语文化，教师还可以将课堂扩展到课外活动，设计和组织各种内容广泛、形式多样的课外活动。让学生根据自己的兴趣和爱好选择参与。例如，选择一个关于英语文化的主题来编辑英语学习园或经营英语报纸，例如英语写作比赛、背诵比赛、单词听写比赛等。在参与活动的过程中，学生可以通过查阅资料，了解外国朋友，培养学生的探究精神和文化理解精神，使学生认识到两种不同文化的独特性和价值观。通过活动，学生可以把所学到的东西运用到实践中，让学生了解自己，达到一定程度的成就感，增强学习英语的兴趣和使用英语的自信心。

（四）加强对文化理解的评估

在外语学习过程中，学生通过对外来文化的接触和理解，对外来文化采取尊重和宽容的态度，克服民族中心主义的能力，就是对文化的理解。

在我国，传统的英语考试只注重对英语语言知识的评价，而忽视了对学生文化理解能力的评价，导致了教师和学生对英语文化知识的忽视。因此，在英语教学中，必须加强对文化理解的评价，通过考试促进教师和学生的文化学习。加强对文化理解的评价可以从两个方面进行：一是在笔试中考察文化理解，即在传统英语考试中增加对文化知识的考查，重点是语音、词汇和语法知识的考查；第二，增加活动的数量，即改变笔试是评价学生的唯一方式的现状，通过背诵、演讲、讨论、课本表演、准备英语小报等活动对学生进行检查。并给予学生一定的评价。这些活动不仅可以帮助学生理解、理解和理解英语文化，而且可以提高他们的交际能力。他们还可以在学习过程中考察学生的兴趣、参与、合作和探索精神。因此，有利于促进学生综合素质的提高。

（五）加强国际合作中的文化交流

同时，我们的英语教学必然要面向世界。因此，我们不能要求学生在学习英语的同时闭上学生的眼睛。加强中外文化交流。为了激励学生学习英语，了解外国文化和教育，我们可以开展各种国际教育合作活动：国际学校访问、国际教师交流和国际学生交流。

1. 国际学校访问活动

国际学校文化交流活动可以相互学习，感受和增强彼此的学校文化氛围，为我国营造英语学习氛围提供思路，促进我国学校的英语教学。中国学校可以组织国际学校到英语国家的学校进行访问和社会活动，以提高学生对英语国家文化的感性认识。激发学生学习英语文化的兴趣，开阔视野；外国学校也可应邀组织代表团参观我们的学校。无论是哪种方式，都将促进学校之间的文化交流，促进学生对不同语言国家文化差异的理解。

2. 国际教师交流活动

我国也可以开展教师问题的国际交流活动。与国外优秀学校合作，派教师到其他学校参观、教学和研究，将有助于提高我国英语教师的素质，有效地促进我国英语教学的发展。英语教师访问英语国家，体验英语国家的文化和教育，学习西方文化的精华，将取得巨大的成果，促进我国英语教学的发展。

3. 国际学生交流活动

开展国际学生交流活动，是学生学习外国文化知识的直接途径，能使学生直接感受到外国文化。与外国学校合作，交换学生到对方学校短期学习，使中国学生有机会在讲英语的国家生活和学习一段时间，使学生能够亲身体验英语文化。以便更深入、更直接地了解英语国家的文化。返校后，这些学生将进一步促进学校文化活动的发展。外国留学生到中国进行交流和学习，对促进不同文化的交流也是非常有益的。不同文化的学生一起学习，使不同的文化相互碰撞和融合，使学生更深入地理解不同文化之间的差异，从而提高学生的跨文化理解能力，提高跨文化交际能力。

参考文献

[1] 唐雄英著.外教社外语测试与教学丛书教育评价范式转变中的英语教学评价实践［M］.上海：上海外语教育出版社.2015.

[2] 龙玉红,张梅著.多元文化背景下新疆维吾尔族大学生双语学习使用与文化适应［M］.北京：中央编译出版社.2015.

[3] 詹文都.语言与文化研究第1辑［M］.北京：光明日报出版社.2015.

[4] 付勇刚著.地区亚文化与主文化之间的跨文化交际以内地高校港澳台学生与大陆师生的交际为例［M］.成都：四川大学出版社.2015.

[5] 王彤主编.应用型大学教学方法改革与实践［M］.北京：知识产权出版社.2015.

[6] 黄先开,杨鹏主编.北京联合大学教育教学改革论文集［M］.北京：北京理工大学出版社.2015.

[7] 陈啸,胡善风主编.地方本科院校应用型发展思与行安徽省应用型本科高校联盟论文集［M］.合肥：安徽大学出版社.2015.

[8] 余朝文,杨吉兴主编.地方本科院校应用型人才培养理论与实践怀化学院2014年教学改革研讨会论文集［M］.成都：西南交通大学出版社.2015.

[9] 汪传雷主编.高等学校物流管理专业建设和改革研究［M］.合肥：中国科学技术大学出版社.2015.

[10] 华东政法大学教务处编.教研集萃华东政法大学2009-2014年优秀教学成果汇编［M］.上海：上海人民出版社.2015.

[11] 广东省高等教育教学成果奖励办公室.励精图治育人才辛勤耕耘结硕果第七届广东省高等教育教学成果奖获奖项目汇编［M］.广州：广东高等教育出版社.2015.

[12] 马洪江主编.生命不息奋斗不止以抗震救灾精神引领学校发展［M］.北

京：中国文史出版社.2015.

[13] 曹义孙主编.中国政法大学教育文选第17辑［M］.北京：中国政法大学出版社.2015.

[14] 李甦，康耘坤主编.东陆教育评论2015［M］.昆明：云南大学出版社.2015.

[15] 杨红卫，彭增华主编.应用型本科院校建设探索［M］.昆明：云南大学出版社.2015.

[16] 刁庆军主编.继续教育理论探索下［M］.北京：清华大学出版社.2015.

[17] 刁庆军主编.继续教育理论探索上［M］.北京：清华大学出版社.2015.

[18] 陈寅主编.世界知名大学校长访谈［M］.广州：暨南大学出版社.2015.

[19] 中国民族年鉴编辑部编.中国民族年鉴2015［M］.新华书店.2015.

[20] 张小锋，李欢欢主编.接二连三媒体上的UIBE 2012-2013［M］.北京：光明日报出版社.2015.